Imaginatives Denken lernen

Mischa Pitskhelauri

Imaginatives Denken lernen

GESUNDHEITSPFLEGE
initiativ

Bibliografische Information Der Deutschen Bibliothek
Die Deutsche Bibliothek verzeichnet diese Publikation in der Deutschen Nationalbibliografie; detaillierte bibliografische Daten sind im Internet über <http://dnb.ddb.de> abrufbar.

Gedruckt auf umweltfreundlichem, chlorfrei gebleichtem Papier

gemeinnützige Bildungsgesellschaft mbH
Hölderlinweg 31, D-73730 Esslingen
http://www.gesundheitspflege.de
http://www.maennerleben.com

Zeichnungen Cover und Buch: Mischa Pitskhelauri

Umschlaggestaltung, Grafiken, Satz:
PRmed-Consulting, Esslingen

Druck: Druckerei Steinmeier, Deiningen

ISBN 978-3-932161-84-1

Inhaltsverzeichnis

Vorwort

Im vorliegenden Text betrachte ich einleitend das Verhältnis der Naturwissenschaft zum menschlichen Geist, zum Denken und zum Gehirn. Danach werde ich die gleichen Inhalte aus Sicht der anthroposophisch orientierten Geisteswissenschaft erläutern.
Im letzten, praktischen Teil stelle ich meine kontemplativ-künstlerische Übungsmethode vor, die eine Möglichkeit zur Ausübung des vom physischen Leib unabhängigen Denkens illustriert.

Ich bin weit davon entfernt zu meinen, dass es in einem Aufsatz möglich ist, all die vielfältigen Nuancen der Denkfähigkeit schildern zu können. Aber was ich wohl meine, dass nur durch stete Tropfen und Bemühungen von einzelnen Menschen bedeutende Fähigkeiten, wie das Denken in seinem wahren Wesen erkannt und dementsprechend angewandt werden können. Durch die erkenntnismäßige Auseinandersetzung mit dem Denken werden die zauberhafte Aura und die Bewunderung für das Denken nicht verblassen. Sie wandeln sich nur um und werden als tiefe Dankbarkeit und als Verantwortungsgefühl in uns aufkommen.

Für das Zustandekommen dieses Artikels möchte ich meinen herzlichen Dank Stefan Karl, Reto Andrea Savoldelli, Rolf Reisiger und Arfst Wagner aussprechen, auch für ihre kritischen Hinweise. Rahel Straubel danke ich herzlichst, denn ohne sie wäre das Manuskript in der Schublade geblieben. Besonderer Dank gilt Anke Engelbrecht für ihre Geduld und Unterstützung.
Dem Verleger Joachim E. Keding danke ich für sein Vertrauen und das Zustandekommen des Druckes.

29. Oktober 2016

Mischa Pitskhelauri

1. Das Gehirn, das Denken und der Geist in der Naturwissenschaft

1.1 Die Gleichsetzung des Gehirns mit dem Ich und dem Geist des Menschen

Zwei Erinnerungen aus meiner Jugend: Während meines Kunststudiums in Tiflis, Georgien fand ich es bei einer Vorlesung über die griechische Philosophie ziemlich frustrierend, dass sich die philosophischen Schulen ständig gegenseitig widerlegten. Keine Schule versuchte auf den Errungenschaften einer früheren die eigenen Ansichten aufzubauen, ohne den Vorgänger als *falsch* Denkenden darzustellen. Dadurch stellte sich bei mir kein Vertrauen dem Denken gegenüber ein und ich begann zu zweifeln.
Im Zeichenunterricht hatten wir relativ freie Professoren, die jedem, seine eigene Manier (Schraffurtechnik etc.) zugelassen haben. Das passte

auch zu ihrem pädagogischen Stil, unsere Sitzungen zum Modelzeichnen nur sporadisch zu besuchen und es bei ein paar Bemerkungen zu belassen. So sorgten sie immerhin bei den Studenten für die Ausbildung des Grundsatzes: *Beginnen Sie Ihre Arbeit nicht mit Details, sondern mit der Ganzheit, dann steigen Sie in die Ausarbeitung der Einzelheiten ein, und als Drittes fügen Sie diese Details wieder zu einer Ganzheit zusammen.*

Dieser Grundsatz hat mich mit innerer Sicherheit erfüllt. Ich spürte darin eine Weisheit, die mir versicherte, dass alles aus einem Ganzen entstanden ist und nach der Differenzierung und Verselbstständigung wieder zu seinen Ursprung zurückkehrt.

Der Dreierschritt scheint mir charakteristisch zu sein, für alle Kulturobjekte die aus Menschenhänden entstehen. In der Natur ist das etwas anders, sie begnügt sich nur mit den ersten beiden Schritten. Der Anfang liegt hier in der undifferenzierten Gesamtheit, wie z. B. embryonale Mesenchym oder Samen der Pflanze. Diese Einheiten spezialisieren sich im zweiten Stadium und bilden einzelne,

spezifische Organe (aus Mesenchym z.B. entstehen Knochen, Muskel, Blut und viele andere Gewebe) aus. Aber im Unterschied zu Kunstwerken, die Einzelteile in den Naturschöpfungen verlieren nie die Verbindung zu ihrer Gesamtheit.
Ragt ein Detail doch aus dem Naturgegebenen heraus, so entsteht die Pathologie, die Ent-Artung. Was die Natur durch innewohnende weisheitsvolle Ordnung zustande bringt, muss der Mensch durch eigene Bemühungen in die Welt setzen.

Fast in allen Disziplinen der Naturwissenschaft ist diese Herangehensweise, von Ganzheit zu Detail und umgekehrt, als Erkenntnismethode vorzufinden.

Bei der Erforschung einer Fragestellung wird entweder von einer Hypothese, oder Theorie ausgegangen, um den Weg in die physische Praxis aufzubauen. Vom gedanklichen Entwurf durch Deduktion zur Empirie.
Oder umgekehrt: Es werden vorliegende, sichtbare Einzelteile empirisch betrachtet, analysiert um danach aus den Details das einheitliche Gesetz herauszubilden.

In der Geschichte der Wissenschaft verbreitet sich zuerst die Deduktive, *herunterleitende* Methode, denn sie geht aus der Theorie hervor. *Theoria* im Sinne *theion-orao* bedeutet *ich sehe das Göttliche,* und steht dadurch ganz nah am unsichtbar gewordenen Gott. Erst später wird sie durch *Francis Bacons* (1561–1626) wissenschaftliche Arbeiten von induktiver Methode ersetzt. So fordert er: *Die deduktive Methode in den Wissenschaften muss durch das Verfahren der Induktion abgelöst werden. Statt wie bisher sich nur im Kreise der durch Autorität gestützten Theorie zu drehen, soll nun umgekehrt die Forschung bei den konkreten Einzelerfahrungen ansetzen und erst allmählich durch systematische Beobachtung derselben zu allgemeineren Erkenntnissen fortschreiten.*[1] *(s.a. S. 100)*

Übrigens, in beiden Fällen wird hin und wieder auch ein *Zurechtzimmern* dessen praktiziert, was nicht *ganz* zusammenpasst.
An diesen Denkansätzen kann man sehen, dass der Mensch im Laufe der Kulturgeschichte ein unterschiedliches Verhältnis zur Erkenntnis, als eine geistige Tätigkeit hatte. Das war sicher durch

---

[1]*Bacon, Francis. "Neues Organon" Erstes Buch. Sätze 19-31*

mehrere Faktoren, wie Selbständigkeitsgrad im Denken, Fortschritte der Wissenschaft und ähnliches bedingt.
Trotz aller Vielfalt ist eine zentrale Tendenz in dieser Geistesgeschichte zu sehen. Es ist der Übergang von einer Offenbarungs-Erkenntnis zu einer Erkenntnis durch Entdeckung.
Die früheren Ansichten über den Geist in der Natur, Kosmos und Mensch hatten grundsätzlich eine empfangende Natur und bildeten somit die inhaltliche Grundlage des religiösen und mythologischen Bewusstseins. Der auserwählte Initiator war in der Lage sein eigenes Bewusstsein so einzustimmen, dass er per Eingebung die Strukturelemente (Kanonik) für die Regelung des sozialen, wirtschaftlichen und religiösen Lebens in bestimmten Kulturkreisen empfangen konnte. Diese Grundsätze wurden von ihm an kleinere Kreise von Menschen weitergeleitet, damit von Gott empfangene geistige Inhalte anschließend an ein breiteres Publikum im Alltagsleben weitergegeben werden konnten (z.B. Moses). Das war die Offenbarungsphase. *(s.a. S.100)*
Die andere Phase der Entdeckung, beginnt mit einem kritischen Blick, den der Mensch der Götter-

welt entgegen wirft. Er fängt an zu hinterfragen und selbstständig die Natur sowie sein Leben zu erforschen. Er setzt selber Regeln für soziale, wirtschaftliche und politische Bereiche. Der Mensch beginnt ein selbstbestimmtes Leben zu führen. Natürlich auch ist das keine vollständige Selbstbestimmtheit, denn es sind in der Regel andere Menschen die solche Regeln aufstellten. Und dennoch unterwarf man sich lieber den Menschen, als den Göttern. Denn mit Menschen konnte man diskutieren, Götter ließen das nicht zu. Ob der Geist z. B. auch die Seele ist, oder beide bloß feine Produkte des Leibes sind, das konnte man ohne Göttereinmischung besser klären. So kam es auf dem 8. ökumenischen Konzil von Konstantinopel (869 n. Chr.) dazu, dass die Lehre, der Mensch habe zwei Seelen, eine irdisch-vergängliche und eine unsterblich-geistige, zur Ketzerei erklärt wurde.[2]

Als der Mensch keinen unmittelbaren Zugang mehr zum Geist als Erkenntnisobjekt hatte, begann er darüber zu spekulieren, Vermutungen und Hypothesen aufzustellen oder sogar Dogmen zu

---

2 *http://www.documentacatholicaomnia.eu/04z/z_0869-0870__Concilium_Constantinopolitanum_IV__Documenta__LT.doc.html*

setzen. Das, was Religionsstifter per Eingebung gemacht haben, taten Menschen jetzt eigenwillig.

Eine der zentralen Fragen, die das Verhältnis des Menschen zur Welt und dem Geist bestimmte, war die Frage nach den Grenzen des Lebens. Bin ich sterblich oder unsterblich; endet mein Leben mit dem Tod und beginnt nach der Geburt; oder gibt es auch Lebensformen vor der Geburt und nach dem Tod? Wenn ich nur ein biologisches Wesen bin, dann endet meine Existenz auch mit dem biologischen Tod; wenn ich eine Seele und einen Geist besitze, so lebe ich auch vor der biologischen Geburt und nach dem Tod?
Aber sicher wollte man es nicht wissen, denn es schwindet dem Menschen das Bewusstsein von dem, was vor und was nach dem biologischen Leben existiert ebenso, wie ihm nicht bewusst ist, was er nach dem Einschlafen erlebt.
Die Wissenschaftler betrachteten zwar die Idee des nachtodlichen Lebens als kritikunfähig, selber hat man aber wenig Argumente für den Beweis aufgebracht, dass es nicht so ist. Denn Keiner, der aus dem Koma zurückgekehrt ist, der den Tod überlebt hat, oder auferstanden ist, hat je be-

hauptet, dass es kein postbiologisches Leben gibt. Von dem, wie diese existenziellen Fragen beantwortet werden, hängt auch die Antwort auf die wichtigste erkenntnistheoretische Frage ab: Gibt es Grenzen für Erkenntnis - oder nicht?
Aktuell gehen die Evolutionswissenschaftler davon aus, dass das Leben des Menschen erst mit der Geburt beginnt und mit dem Tod endet. Demzufolge stellen auch die Erkenntniswissenschaftler die Grenzpfeiler für die Erkenntnis, welche sich nur zwischen der sinnlichen Wahrnehmung des Gegenstandes und dem Begriff als sprachliche Bezeichnung des Gegenstandes erstrecken.
Man könnte sagen, dass naturwissenschaftliches Denken beginnt, wenn Menschen nicht mehr in der Lage sind, die geistige Realität zu erfahren. Dann beginnen sie durch die Naturwissenschaft zu neuen Göttern zu werden und entwerfen ein eigenständiges Welt-*Bild* mit dem Motto: der Geist kann weder bewiesen, noch geleugnet werden, deswegen soll er am besten einen festen Platz zugewiesen bekommen, da letztendlich alles Geistige seine physische Entsprechung haben soll.

Zu Zeiten des rationalen Denkens, im 17. Jahr-

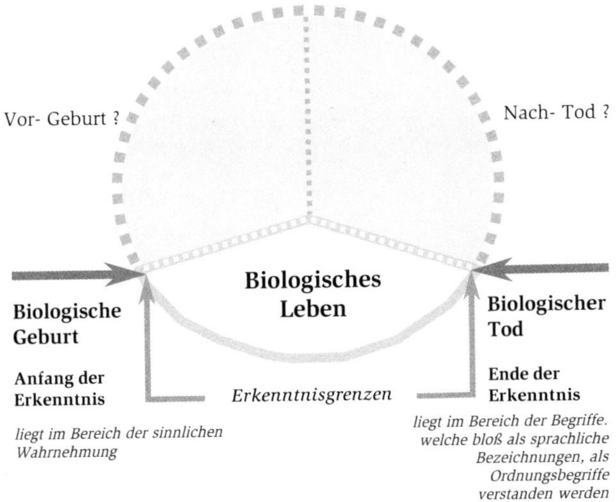

Abb. 1. Die aktuellen Grenzen in der Evolutions- und Erkenntniswissenschaft

hundert bildete sich die Ansicht, bei der die Existenz des Geistigen von der Existenz des physischen Leibes abhängig ist. Stellvertretend für viele sei hier nur der Gedanke von John Locke aufgeführt. Er stellte in seinem Essay *Über den menschlichen Verstand* (1690) die Hypothese auf:

Wenn das Bewusstsein im kleinen Finger angesiedelt wäre, man diesen Finger von der Hand ab-

John Locke, englischer Philosoph und Vater des Liberalismus
✶ 1632 † 1704

Charles Bonnet, Schweizer Anwalt Naturwissenschaftler und Philosoph ✶ 1720 † 1793

schneiden würde und an einen anderen Körper anbinden könnte, so bekäme der Körper das Ich des Fingers.[3]
Im 18. Jahrhundert wurde diese Denkart fortgesetzt und der Schweizer Naturforscher Charles Bonnet sprach schon konkreter über das Gehirn als Träger des Geistigen im Menschen *(Hirnbalken als Geistessitz)*. Er behauptete: Wenn man das Gehirn eines großen Philosophen in die Seele eines *Wilden* einpflanzen könne, dann wäre der große Philosoph wieder in dieser Seele tätig.[4]

Die Leitgedanken und Hypothesen von Bonnet und Locke wurden vom französischen Philosophen

Stephane Ferret im Jahr 1993 sogar zu einer mathematischen Formel konstituiert:
Person A ist mit Person B nur dann identisch, wenn A und B ein und dasselbe funktionsfähige Gehirn haben.[5]
Wenn A sein Gehirn an den Körper von B abgeben sollte, so wird in diesem nicht die Person B (Gesamtkörperträger), sondern die Person A (Gehirnträger) wieder leben.

Fairerweise muss gesagt werden, dass solche Äußerungen eher zu den *radikalen* Ansichten im aktuellen wissenschaftlichen Diskurs gehören.

Renommierte Neurowissenschaftler wie John. C. Eccles, Wolf Singer oder Gerhard Roth versuchen Zwischenlösungen in diesen Fragen zu finden. Deren Theorien bauen auf dem Sowohl-als-auch-

---

[3] John Locke. „Versuch über den menschlichen Verstand." Kapitel 27. „Von der Dieselbigkeit und Verschiedenheit" http://www.zeno.org/Philosophie/M/Locke, + John/Versuch + über + den + menschlichen + Verstand

[4] Diese und weitere interessante Hinweise sind im Forschungsbericht des Max-Planck-Institut für Wissenschaftsgeschichte 2010 und im Artikel „Das zerebrale Subjekt" von Fernando Vidal zu lesen. Die Hervorhebungen in den Zitaten stammen vom Autor M.P.

[5] „Le Philosophe et le Scalpel" vom Stephane Ferret, nach Übersetzung von Vidal. Siehe Anmerkung 4

Prinzip, wo sich Geist und Gehirn gegenseitig beeinflussen, der Geist allerdings wird hier stellvertretend für äussere Sinnes- und innere Körperwahrnehmungen eingesetzt, also materiell interpretiert.

Dass diese Ansichten nicht bloß eine theoretische Spinnerei, sondern Grundlagen für die praktische Umsetzung darstellen, wird aus einer, im August 2015 gemachten Ankündigungen des italienischen Neurochirurgen Sergio Canavero ersichtlich. Er möchte 2017 das Gehirn einer *Person A* in den Körper einer *Person B* einpflanzen.
Der 31-jährige russische Informatiker Valery Spiridonov, der an progressivem Muskelschwund leidet, ist bereit seinen Kopf für die Transplantation auf einen gesunden Körper zur Verfügung zu stellen. Canavero möchte als Fachmann diese neurochirurgische *Taufe* eines *Geistes* in einen noch unbekannten Leib übernehmen.[6]

---

[6] *http://www.welt.de/vermischtes/article151127215/Der-Mann-der-sich-den-Kopf-transplantieren-lassen-will.html*

1.2 Wer bildet das Gehirn?

In der Naturwissenschaft bekommt alles, was eine natürliche Form besitzt, ihren Ursprung vor etwa 12 Milliarden Jahren aus einem, durch Explosion (s.g. *Bing Bang*, Jorg Gamow, 1941) entstandenen Feuerball. Diese **Raum**-Schöpfungs-Phase beinhaltet Entstehung der Galaxien und Sterne, welche sich als Urgesteine im Raum erst expandieren, um später – so die Voraussage – in einer ferner Zukunft wieder, die Evolution abschließend, sich zusammenziehend aufeinanderzuprallen.
Wir müssen uns darüber klar sein, schreibt einer der führenden Neurowissenschaftler John C. Eccles[7], *dass unsere Existenz hier und jetzt durch jenen alles in Gang setzenden Feuerball ... entstanden ist. Es besteht eine lange Kette der Zufallsbedingtheiten, die mit dem Urknall beginnt.*
Nach der Schaffung der räumlichen Umgebung vor 10 Milliarden Jahren begann sich das **Leben** zu entfalten, welches damals aus einem Kochvorgang zwischen Wasserstoff, Helium, Eisen und Nickel bestand.

---

[7] *John C. Eccles „Das Rätsel Mensch", S. 8. Piper, München, 1989*

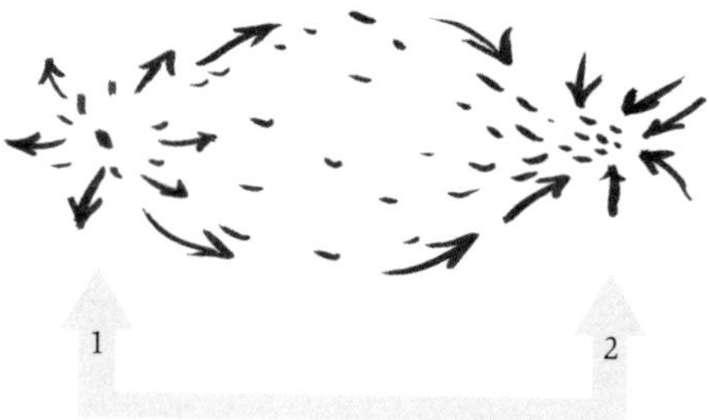

1. Urknall 2. Zusammenziehen

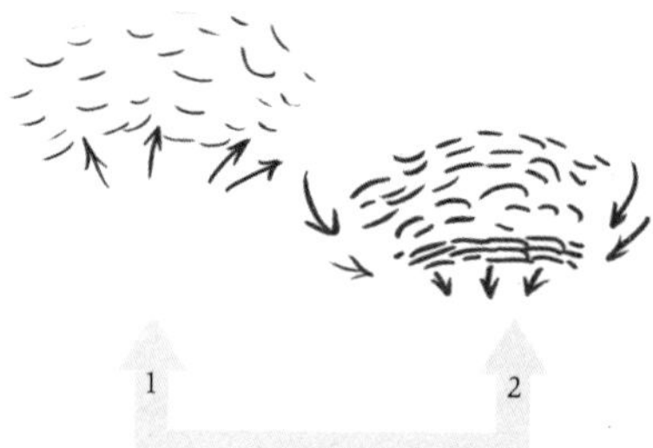

1. Ausbreitende Wärme/Licht 2. Abkühlende Flüssigkeit und feste Erde

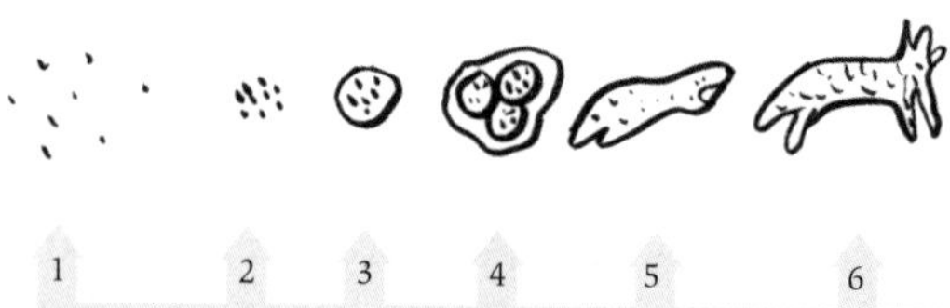

1. Moleküle 2. Molekülhaufen 3. Einzeller
4. Vielzeller 5. Amphibien 6. Säugetiere

Abb. 2. Die Evolutionsdynamik und morphologische Grundmuster in der Naturwissenschaft

Weitere Zufälligkeitsketten der Evolution führten zur Entstehung des Sonnensystems mit unserem Planeten Erde. Dank der Abkühlung, bildete sich dort eine harte Kruste aus. Nun konnten die Wirkungen des ultravioletten Lichtes oder die elektrischen Entladungen (es gibt zwei Versionen) in der Atmosphäre dafür sorgen, dass erste Moleküle, als Grundbausteine des Lebens zum Vorschein kamen. Diese traten untereinander in vielfältige Verbindungen und bildeten dadurch, feuchte Gegenden bevorzugend, sich-selbst-organisierende komplexe molekulare Systeme aus.
Etwa um das 1. Milliardenjahr konnten einzellige Bakterien und später auch mehrzellige Organismen ihre Gestalt annehmen. Durch die natürliche Auslese und Anpassung an die Umgebung, sind daraus im Laufe der Zeit Amphibien, Reptilien und Säugetiere, inklusive der Menschen mit ihrem Gehirn entstanden.

Diese Jahrmillionen andauernden Erfahrungen werden als biologische *Erinnerung* im genetischen Code der Lebewesen abgespeichert. Die Weltgenesis ist in unseren Genen eingraviert.
Das bekräftigt auch das sogenannte *biogenetische*

Ernst Heinrich Philipp August Haeckel
✶ 1834 † 1919

Grundgesetz, welches von Haeckel genial erkannt und wie folgt formuliert wurde: *Die individuelle Entwicklung (Ontogenese) wiederholt die Stammesgeschichte (Phylogenese).*

Auch das Gehirn wird dem Bild der wissenschaftlichen Weltgenese angepasst. Demnach bildet sich die hochkomplexe Nerven-Schaltzentrale durch genetisch bzw. evolutionär determinierten Grundformen (Philogenese) aus, um später durch stetige Reaktion auf spontane Reize seiner physisch-chemischen Umgebung sich weiter differenzieren und individualisieren zu können (Ontogenese).

Bis vor kurzem galt in wissenschaftlichen Kreisen die Meinung, dass sich die Gestaltungsprozesse im Gehirn etwa mit dem 20. Lebensjahr abgeschlossen sind. Seit aber Peter S. Eriksson von der Sahlgrenska-Universitätsklinik in Göteborg, Schweden mit seinen Kollegen 1998 feststellte,

dass das menschliche Gehirn auch im Erwachsenenalter zumindest an einer Stelle (im Hippocampus) regelmäßig neue Nervenzellen erzeugt, hat sich eine Wende in der Frage nach der Plastizität des Gehirns aufgezeigt.
Es werden durch unsere Handlungen neue Verknüpfungsmuster der Nervenfasern im Gehirn hergestellt. Der einmal musterhaft angelegte *Pfad* bleibt als Erfahrung bzw. Wissen bestehen – je mehr Verknüpfungen umso mehr Wissen.
Das Gehirn wird also durch Leibes und Sinnesaktivitäten gebildet.

Die Prozesse im Gehirn werden zwar ganz genau beobachtet, aber letztendlich:

... welche Vorgänge dieser Plastizität zur Grunde liegen und wie genau sich das menschliche Denkorgan auf Grund von Erfahrungen im Lauf der Zeit verändert, verstehen sie (die Forscher) noch nicht.[8] *Um hier Fortschritte zu erzielen, gilt es, die bisherigen Methoden weiterzuentwickeln.*[9]

---

8 „Neuronale Plastizität“ S. 90 in „Forschungsperspektiven der Max-Planck-Gesellschaft 2010“
9 wie Anmerkung 4

Hier eine kurze Übersicht der angesprochenen Methoden:

> Mit der *Magnet-Resonanz-Tomographie (MRT)* wird die lokale Dichte der Nervenzellen, deren Zustand in verschiedenen Hirnarealen und die Form der Faserverbindungen/-muster zwischen den einzelnen Hirnregionen registriert.

> Mit der *funktionellen Magnet-Resonanz-Tomographie (fMRT)* werden zusätzlich zu den o.g. Formelementen, auch Prozesse, wie Veränderungen in der Durchflussmenge oder im Sauerstoffgehalt des Blutes in Hirngefäßen beobachtet.

> Weiterhin werden Entstehung und *Choreographie* der Hirnmoleküle beobachtet, welche die Plastizitätsvorgänge im Gehirn beeinflussen. Diese werden durch die Positronen-Emissions-Tomographie (PET) erkundet. Es werden Substanzen, die mit einem radioaktiven Farb- oder fluoreszierenden *Marker* gekennzeichnet sind, im Gehirn ausgestreut. Diese docken sich an die zu erforschenden Moleküle an und machen deren gesamten Lebenslauf transparent.

Dass diese Ansichten keine abstrakt-theoretischen Überlegungen, sondern die Grundlagen für Praxis im Alltag sind, wird aus den Forschungsperspektiven der Max-Planck-Gesellschaft von 2010 ersichtlich:
Zum einen *können Ärzte maßgeschneiderte, an das individuelle Erbgut eines Menschen angepasste Behandlungen entwickeln*[10]

> Ein medizinisch-gesundheitlicher Aspekt, um verlorene Hirnfunktionen wiederherzustellen.

Zum anderen sind auch eine Reihe praktischer Anwendungen, wie etwa auf dem Gebiet des Lehrens und Lernens, zu erwarten: *Ein besseres Verständnis der elektrischen Rhythmen im Gehirn dürfte es erlauben, mit Hilfe elektrischer und magnetischer Stimulationen die Aktivitätsmuster in verschiedenen Hirnregionen gezielt zu manipulieren. Dies würde beispielsweise die Lernfähigkeit erhöhen ...*[11]

> Ein therapeutisch-pädagogischer Einsatz, um die Effektivität der Lernfähigkeit zu steigern.

---

10 „Neuronale Plastizität" S. 91 in „Forschungsperspektiven der Max-Planck-Gesellschaft 2010"
11 ebd.

Gerhard Roth, deutscher Biologe und Hirnforscher ✶ 1942

1.3. Wer denkt, wer lenkt?

Der naturwissenschaftlichen Auffassung nach ist das Gehirn der Hervorbringer des Geistes. Weil er selber aber, durch genetische Vorgaben und informativen Einwirkungen aus der biochemischen Umgebung gestaltet wird, ist die Ansicht nah, dass es die Gene, der Körper und die Umgebung sind, die in uns denken. Oder anders ausgedrückt: es denkt, fühlt und handelt im Menschen das Gehirn.

Die moderne Hirnforschung kann mittlerweile bis auf die zelluläre Ebene zeigen *Wer* in uns denkt und lenkt. Gerhard Roth, Professor für Verhaltensphysiologie am Zentrum für Kognitionswissenschaften der Uni Bremen schreibt dazu:
Aus neurobiologischer Sicht stellen sich Erlebnis- und Aufmerksamkeitszustände als schnelle Umstrukturierungen ausgedehnter cortikaler Netzwerke dar, die dem ***Erschaffen neuer Bedeutungen***[12]

12 Die Hervorhebungen bei zitierten Textstellen stammen von M.P.

im Bereich des Wahrnehmens, Denkens, Erinnerns, Vorstellens und Handlungsplanens zugrunde liegen.[13]
Die hypothetische Annahme von J. Locke, dass der Geist im Hirnbalken (Corpus callosum) seinen Sitz hat, wird im 21. Jahrhundert genauer definiert:

Die Steuerungsfunktion gilt vor allem für den Hippocampus als Organisator des deklarativen Gedächtnisses, das limbische System als Produzenten und Kontroller affektiver und emotionaler Zustände sowie die retikuläre Formation und das basale Vorderhirn als Lenker unspezifischer bzw. spezifischer Aufmerksamkeit. Jedem Bewusstseinszustand geht entsprechend eine Phase unbewusster Vorverarbeitung sensorischer Informationen voraus, in der entschieden wird, ob und in welchem Maße sich die Großhirnrinde mit dieser Information befassen soll. Was wir dann bewusst erleben, ist nur das „Endprodukt" einer überaus komplexen Informationsverarbeitung.[14]

---

13 Gerhard Roth "Fühlen, Denken, Handeln" S. 547/48, Suhrkamp Verlag, Franfurt am Main
14 wie Anmerkung 13. S. 550/551

Das limbische System kontrolliert also das emotionale Leben, Hippocampus steuert die Erinnerung und Vorderhirn sorgt dafür, dass wir aufmerksam sind.
Auch das **Ich** des Menschen ist nach dieser Ansicht das Erzeugnis des Gehirns: *Das Ich ist in seinen verschiedenen Ausprägungen ein Konstrukt, welches das Gehirn entwirft, um komplexe kognitive, exekutive und kommunikative Aufgaben besser bewältigen zu können.*[15]

1.4 Zusammenfassung

Das Bild, welches in der Naturwissenschaft von der Welt und den Menschen erzeugt wird, wo alles Seelische und Geistige in ein, zwar hochkomplexes, dennoch bloß physisches Gehirn hineinversetzt und interpretiert wird, stellt den Menschen als determiniertes Wesen dar und lässt keine Freiheit mehr zu.
Das Gehirn wird nicht nur als Empfänger, sondern auch als Produzent dargestellt.
Die ganze Palette des Seelenlebens, wie Gedan-

15 wie Anmerkung 13. S. 551

ken, Emotionen, Gefühle, Erinnerungen, Handlungsmotive und vieles mehr, werden als Naturprodukt des Gehirns angesehen.
Um die Produktqualität zu steigern, wird der Produzent entsprechend manipuliert.

Das diese wissenschaftliche Wahrheiten doch mit Vorsicht zu genießen sind, zeigt uns beispielhaft Professor Wilfried Plöger in seinem Buch *Grundkurs Wissenschaftstheorie für Pädagogen:*
Empirische Erkenntnisse sind keine reinen Fakten, *keine* nackten *Tatsachen, sondern theoriegetränkt. Der Wissenschaftler konstruiert mit seiner Theorie die Welt und nimmt mit ihr, der Theorie, diese Welt entsprechend wahr. Durch diese konstruktive Arbeit werden einige Sachverhalte besonders prägnant zur Sprache gebracht, andere dagegen (für andere Wissenschaftler vielleicht sehr wichtige Aspekte) ausgeblendet.*[16]

Kaum wird jemand Zweifel haben, bezüglich diesen - mittels hochpräziser Technologie durchgeführten - Beobachtungen. Es ist leicht nach-

---

16 Wilfried Plöger „Grundkurs Wissenschaftstheorie für Pädagogen", S. 45. Wilhelm Fink Verlag. Paderborn. 2003

vollziehbar, dass bei jeder bewussten, geistigen Tätigkeit eine Vibration in einem der zuvor genannten Hirnareale zustande kommt. Es ist aber das Umgekehrte schwer vorstellbar, dass eine Vibration im Gehirn auch eine bewusste geistige Tätigkeit produzieren kann.
Zum Vergleich: Nur weil Regentropfen auf einem Dach Trommelgeräusche hervorrufen, kann doch nicht ernsthaft davon ausgegangen werden, dass durch Trommeln auf einem Dach, Regen erzeugt werden kann.

Auftraggeber	Produzent	Produkt	Produktionsmileu
unbekannt *Welche Vorgänge der Plastizität des Gehirns zu Grunde liegen sind noch unbekannt*	Gehirn	Geist und Gedanken (inkl. Gefühle, Gedächtnis und Handlungsmotive)	Biochemische Vorgänge im Gehirn

Tabelle 1: Naturwissenschaftliche Ansichten zum Gehirn, Geist und Denken

2. Der Geist, das Denken und das Gehirn in der Geisteswissenschaft von Rudolf Steiner

2.1 Zwei verschiedene Aspekte des Geistes

In der anthroposophisch orientierten Geisteswissenschaft wird der Geist des Menschen mit dem Weltengeist in Zusammenhang gebracht.
Grundsätzlich beginnt demnach die Evolution nicht durch Aktivität der Materie, sondern durch die des Geistes, als Inhaltsträger.
Der Inhalt, der am Anfang seienden Gottheit, war diese selbst, und erst durch die Offenbarung ihres Wesens begann auch die Evolution. Alle Formen des Lebens, der Gestalt und des Bewusstseins sind aus ihr entstanden und nichts anderes ist entstanden, ohne aus ihr entstanden zu sein.[17]

---

17 *Johannes Evangelium. http://www.bibleserver.com/text/EU/Johannes1*

Diese Gottheit ist in der christlichen Tradition als Trinität und in ihre Offenbarungen als Gott-Vater, Gott-Sohn und Gott-Heiliger Geist bekannt.

> **Gott-Vater** ist der göttliche Bildhauer. Er gibt allem was entstanden ist Substanz und Form. Er bildet den Leib des Daseins. Seine Unterstützer sind Seraphim (Geister der Liebe), Cherubim (Geister der Harmonie) und Throne (Geister des Willens) – alle zusammen werden I.-Hierarchie genannt.[18]

> **Gott-Sohn** ist der göttliche Therapeut und Lebenskünstler. Er gibt der väterlichen Substanz das Leben und Wandlungsfähigkeit. Schont diese vor dem Erstarren und schafft Übergänge und Beziehungen. Er gibt dem väterlichen Dasein dadurch die Seele. Seine Gehilfen sind Kyriotetes (Geister der Weisheit), Dynamis (Geister der Bewegung) und Exusiai (Geister der Form). Zusammengefasst die II.-Hierarchie.

> **Gott-Heiliger Geist** ist der göttliche Bewusstseinskünstler. Er begnadet letztendlich die wandlungsfähige Substanz mit dem Bewusstsein und regiert dieses in allen Daseinsformen. Seine

Vorhaben werden durch Archai (Geister der Kulturepochen), Archangeloi (Geister der Völker) und Angeloi (Geister der einzelnen Menschen), oder der III.-Hierarchie ausgeführt.

Durch die dreifache Götterwirkung, wird der Mensch selber zu einem mehrschichtigen Wesen aus **Geist, Seele** und **Leib**.
Für die weitere Betrachtung ist es hilfreich alle einzelne Wesensglieder des Menschen einmal zu benennen.

I. Seine Geistesglieder bestehen aus:
1. Geistselbst
Dieses geistige Selbst ist das wahre Ich des Menschen. Als Selbstbewusstseinsträger ist er Repräsentant des Heiligen Geistes im Menschen. In diesem Teil des menschlichen Wesens sind die Erfahrungsinhalte aus den vergangenen und Vorhabensinhalte für die zukünftigen Lebensphasen aufbewahrt. Mit diesen Inhalten ist unmittelbar verbunden die Tätigkeit des Schutzengels (Angeloi)

---

18 Beispielhaft für Ausführungen zu Thema geistige Hierarchien sei hier auf das Buch „Die Evolution vom Gesichtspunkte des Wahrhaftigen“ von Rudolf Steiner GA 132. hingewiesen.

jedes einzelnen Menschen. Aber auch die Eingebungen, welche wir ab und zu im Leben erhalten bzw. *Geistesblitze* stammen aus diesem Bereich.[19]

2. Lebensgeist

Dieser Teil des menschlichen Wesens bewahrt in sich die Fähigkeiten, welche wir in den jeweiligen Lebensphasen uns angeeignet haben und repräsentiert den Gott-Sohn. Durch seine Kraft haben wir alles, was wir lernen im Leben. Jegliche Bewegung - körperliche, seelische oder geistige - lebt von seinen Gnaden. Damit eine erstmals ausgeübte Tätigkeit in uns als Fähigkeit habituiert, z.B. beim Gehen-, Sprechen- oder Schreibenlernen, muss das Wesen des Gott-Sohnes zum Einsatz kommen.

3. Geistesmensch

Das ist der Teil des menschlichen Wesens, wo alle morphologische Strukturen ihre geistigen Urbilder und eine innige Beziehung zum Gott-Vater haben.

---

19 Detalierte Darstellung der einzelnen Wesensgliedern des Menschen findet man im Buch "Theosophie" GA 9 von Rudolf Steiner.

II. Nach vorgeburtlichen Geistesgliedern, kommen ebensolche Seelenglieder in Betracht.
Das sind Fähigkeiten, die der Mensch unter Anleitung der hohen hierarchischen Wesen sich aneignet und durch Wiederverkörperung von Kulturepoche zu Kulturepoche, in seinem eigenen Tempo, immer vollkommener macht. Deswegen können zu gleicher Zeit, im gleichen Jahrhundert, im gleichen Wohnviertel, ja sogar in der gleichen Familie Menschen leben, die verschiedene seelische Entwicklungsstufen parallel durchmachen.

Die Dreiheit der himmlischen Seelenglieder umfasst:

4. Empfindungsseele

Mit dieser werden Erfahrungen gesammelt, welche anfängliche und unmittelbare Berührungen der Seele mit der umgebenden Welt kennzeichnen. Die erste Morgenröte des bewussten Erlebens, die unmittelbare Aufnahme der Eindrücke und deren frische Aufbewahrung sind damit gemeint. Das kindlich-naive Bewusstsein ohne jegliche Rationalisierung wird hier aufbewahrt.

5. Verstandesseele

Mit der Verstandesseele sammelt der Mensch schon andere, mehr bewusste Erfahrungen, indem er sich der Gedanken Kraft bemächtigt. Eigennutz, Eigensinn seiner Selbst und auch anderer Wesen werden hier erforscht.

6. Bewusstseinsseele

Mit der Bewusstseinsseele sucht der Mensch die Zusammenhänge zwischen den Einzelheiten zu ergründen. Er entfaltet die Kraft der Vertiefung im Wesen der Dinge. Das Denken wird auf dieser Stufe nicht nur als organisierende Tätigkeit, sondern auch als Wahrnehmungsorgan erlebt.

III. Das letzte himmlische Trio hat einen leiblichen Charakter. Das sind drei übersinnliche Leiber, welche der Mensch als Kräfte der Empfindung, Kräfte des Wachstums und Kräfte der Lebenserhaltung in sich trägt.

Diese übersinnlichen Leibesglieder sind:

7. Phantomleib

Präkonzeptionell baut die Geist-Seele des Menschen unter Anleitung der hierarchischen Wesenheiten die architektonischen Grundlagen des zukünftigen physischen Leibes zusammen. Es ist sein geistiger Prototyp, der unter Berücksichtigung des im letzten Leben gesammelten Erfahrungen konzipiert wird. Jedes Mal, kurz nach der Empfängnis wird er von Geist und Seele des Menschen in die Leiblichkeit der Mutter vorausgeschickt, damit eine substanziell-kräftemäßige Verbindung zwischen den sich zur Geburt neigenden Menschen und seinen zukünftigen Eltern entstehen kann. Er sorgt auch dafür, dass die menschliche Geist-Seele nur im menschlichen und nicht im tierischen Formleibern sich verkörpert. Ein Wächter des menschlichen Antlitzes ist der Phantomleib.

8. Lebensleib (auch Ätherleib genannt)
Dieser besteht aus Wachstums- und Wandlungskräften und wird durch die Geist-Seele des Menschen aus den Kräften des Weltenäthers vor der Empfängnis herausgebildet. Seine Arbeit an dem entstehenden Embryo beginnt ab der siebten Woche, parallel zu dem schon von Anfang an tätigen Ätherleib der Mutter.[20]

---

20. Rudolf Steiner „Vor dem Tore der Theosophie" GA 95, S. 53. Rudolf Steiner Verlag; Auflage: 4

So wie eine Idee einen Maler braucht um gemalt, oder einen Dichter um gedichtet zu werden, so braucht sie einen Lebensleib als Lebenskünstler zur Seite um im physischen Leibe wachsen zu können. Der Lebensleib handelt nicht planlos, sondern gezielt. Der Idee einer Pflanze folgend, baut er eine Pflanze. Der Idee einer Lunge nach, welche im Phantomleib als Geisteskeim aufbewahrt ist, baut er eine individuell angepasste Lunge und sorgt dafür, dass diese Form nicht aus den Fugen gerät (was z.B. bei Karzinombildung der Fall ist). Ein Gesundheitswächter in uns ist der Lebensleib.

9. Empfindungsleib (auch Astralleib genannt)
Damit das erste kindhafte Bewusstseinserwachen stattfindet, bedarf es einen *Zündkörper,* an dem ein äußeres Ereignis sich für das Bewusstsein entflammt. Der Empfindungsleib macht so etwas möglich. So wie der Lebensleib der Vermittler für morphologische und physiologische Vorgänge zwischen der Geist-Seele und dem physischen Leib ist, so ein Vermittler ist auch der Empfindungsleib für Bewusstseinsvorgänge. Seine Wirkung beginnt er ab dem siebten embryonalen Monat zu entfalten.

Er verschafft *Nahrung* für die Empfindungsseele und seine Substanz besteht aus Gier, Trieb und Lust. Ein tobendes Wesen, ein purer Wille.
So könnte der Mensch, als Göttergeschöpf eigentlich aussehen. Aber da wir die Entwicklung nicht nur in übersinnlichen Welten, sondern auch in sinnlichen, irdischen Welt durchmachen, wo die Götter für unser Bewusstsein in die Dämmerung geraten, so entwickeln wir für himmlische Seele, Geist und Leib auch deren spiegelbildliche, irdische Entsprechungen.

> Für himmlische Leibesglieder bekommen wir bei jeder Neugeburt den:

10. Physischen Leib
der nur durch seine geistige Urbilder zum Gedeihen kommen kann. Seinem Inhalt nach besteht er aus mineralischen Substanzen, welche durch den Lebensleib in bestimmten, dem menschlichen Organismus und den individuellen Bedürfnissen angepassten Formen gehalten werden. Ohne den Lebensleib, als geistiges Bindemittel zerfällt die Einheit der Organe. Und das mineralische des physischen Leibes wird vom mineralischen der Erde in sich aufgenommen.

> Um himmlische Seelenglieder entfalten zu können, müssen wir auf der Erde weitere seelische Fähigkeiten ausbilden und einsetzen:

11. Denken, 12. Fühlen und 13. Wollen
Diese sind dreifache Beziehungsformen des Menschen zu sich selbst und zur Welt. Sie bilden sich erst stufenweise in der menschlichen Seele aus. Am Beginn der irdischen Leibesbildung interveniert die Geist-Seele vermittelnd durch Phantomleib und Lebensleib in die embryonale Anlage des physischen Leibes. Im kranialen Bereich des Embryos bildet sie neuronale Strukturen, welche zur physiologischen Grundlage der sekundären Seele mit ihren denkenden, fühlenden und wollenden Qualitäten werden soll, damit die Erfahrungsinhalte für Empfindungs,- Verstandes- und Bewusstseinsseele geliefert werden können. Nach der Geburt ist der Mensch purer Wille und eine sanfte Hinüber-Reifung über das Fühlen zum Denken wird zur Aufgabe der Eltern und Erzieher.

14. Zum Schluß als Entsprechung für das höhere Geistes-Ich bekommen wir auf der Erde: die **Vorstellung vom Ich oder Ich-Leib.**

Die Vorstellung vom eigenen Ich wird ca. im dritten Lebensjahr zum ersten mal gebildet. Dieses ist bloß ein Abbild des wahren Geistes-Ich, ein erstes Aufwachen der irdischen Ich-Vorstellung im Denken. Alle weiteren Vorstellungen die wir uns als Mensch im Laufe des Lebens aneignen, subsumieren sich in einen Konglomerat aus Erinnerungsvorstellungen und bilden dadurch den s.g. *Ich-Vorstellungsleib.* Einen Leib welcher mit Ich-Vorstellungsbildern ausgefüllt ist.

15. Das menschliche Ich braucht auch eine physische Grundlage um sein Selbstbewusstsein zu entfalten. Dafür wird von ihm eine **Ich-Organisation** ausgebildet, welche aus dem elementaren Bereich der Wärme, die physiologischen Korrelate für das Selbstbewusstsein koordiniert. Eine Ich-Organisation aus Wärmesubstanz als eine dynamische Plattform für das menschliche Selbstbewusstsein. Das alles ist der Mensch als Geschöpf. Durch eigene Entwicklung kann er sich den Göttern angliedern und zu einem weiteren hierarchischen Wesen werden.[21]

---

21 Rudolf Steiner "Geistige Hierarchien und ihre Widerspiegelung in der physischen Welt" GA110.S.174-75 .R.SteinerVerlag, Dornach, 1960

Von leiblich-sinnlichen Grundlagen **unabhängige** Wesensglieder des Menschen		Auf leiblich-sinnlichen Grundlagen **basierende** Wesensglieder des Menschen
• Geistesmensch	**Geist**	
• Lebensgeist		
• Geistesselbst/Ich-Geist		• Ich-Abbild im Denken und Ich-Vorstellungsleib
• Bewusstseinsseele	**Seele**	• Denken
• Verstandesseele		• Fühlen
• Empfindungsseele		• Wollen
• Empfindungsleib	**Leib**	
• Lebensleib		• Ich-Organisation
• Phantomleib		• Physischer Leib

Tabelle 2: Sinnliche und Übersinnliche Wesensgliederung des Menschen

Insgesamt sind es außer Trinität, neun und mit dem Mensch zehn weitere Wesens-Gradationen in der geistigen Welt, die als Stufen, als Titel für gewisse Aufgabenfelder zu verstehen sind. Erfüllt ein Wesen der jeweiligen Stufe entsprechende Aufgaben,

so bekommt es die Möglichkeit auf der hierarchischen Leiter vorzurücken.
Gelingt dies nicht zum richtigen Zeitpunkt am richtigen Ort, so entsteht auch in der geistigen Welt ein Nachholbedarf, was dem entsprechend am falschen Ort zum falschen Zeitpunkt zustandekommen wird.

Woher hat die Geisteswissenschaft die Inhalte über die Weltentwicklung bekommen, und wie sieht die Erkenntnismethode aus, mit der solche Bewusstseinsinhalte erworben werden können?
Wenn wir uns fragen: Woher stammen alle die Angaben…?, so wissen wir, dass sie von den sogenannten Eintragungen in die Akasha-Chronik stammen. Wir wissen, dass das, was einmal geschehen ist oder vorgeht im Verlaufe der Weltentwickelung, gewissermaßen zu lesen ist wie durch eine Eintragung in eine feine geistige Substanz, in die Akasha-Substanz. Von allem, was sich abgespielt hat, gibt es eine solche Eintragung, aus welcher entnommen werden kann, wie die Dinge einmal waren.[22]
Im gewissen Sinne kann Akascha auch als geistiges Vorbild für Gene, welche die Weltgenese auf

---

22 Rudolf Steiner „Die Evolution vom Gesichtspunkte des Wahrhaftigen" GA 132, S. 9. R. Steiner Verlag, Dornach, 1999

Rudolf Steiner, deutscher Philosoph, Begründer der Anthropsophie ✶ 1861 † 1925

biochemischer Ebene in sich tragen, betrachtet werden. Nicht umsonst sind dies die begehrenswertesten Erkenntnisgegenstände und Hoffnungsträger der Naturwissenschaft. Auf der seelischen Ebene würde Akascha der Erinnerung entsprechen. Genau an diese seelische Fähigkeit setzt die geisteswissenschaftliche Erkenntnismethode an.

Die Naturwissenschaft kommt zu ihren Erkenntnissen durch genaue Beobachtung dessen, was sich den Sinnen *heute* darbietet (apparative Methoden sind hier nur gesteigerte Sinnesorgane) und daraus baut sie ihre Hypothesen über das Vergangene (Entstehung der Welt) oder Prognosen über die Zukunft.
Die anthroposophisch orientierte Geisteswissenschaft nutzt ebenso die Sinnesorgane für die Beobachtung der physischen Erscheinungen. Aber da in diesen keine volle Realität, sondern nur die *Hälfte* davon zu erkennen ist, wurde eine Erwei-

terung des Bewusstseins durch Erinnerungserweiterung notwendig. Um das zu ermöglichen, und weil es an der Zeit war, veröffentlichte Rudolf Steiner die Ergebnisse seiner Forschungen, in denen er die Wege zur Erlangung der übersinnlichen Erkenntnisse beschreibt.[23]
Bei diesen Erkenntnis-Methoden spielen die physischen Sinnes-Werkzeuge nur zu Beginn eine Rolle, dann kommt die Seele mit ihren Kräften als Erkenntnisorgan selber zum Einsatz. Und so lassen sich mit entsprechend ausgebildeter Erinnerung als Seelenkraft nicht nur biographische, sondern auch noch weiter zurückliegende phylogenetische, evolutionäre Ereignisse erkunden.
In der *Grundsteinmeditation,* einer der zentralen meditativen Übungssprüche von Rudolf Steiner, bekommen wir die gebündelte Formel dazu:

Menschenseele!
Du lebest in den Gliedern,
Die dich durch die Raumeswelt
In das Geistesmeerwesen tragen:
Übe Geist-Erinnern

---

23 Exemplarisch: Rudolf Steiner "Ein Weg zur Selbsterkenntnis des Menschen" GA 16. R. Steiner Verlag, Dornach, 1972. Und: Rudolf Steiner "Wie erlangt man Erkenntnisse der höheren Welten?" GA 10. R. Steiner Verlag, 1961

In Seelentiefen,
Wo in waltendem
Weltenschöpfer-Sein
Das eigene Ich
Im Gottes-Ich
Erweset;
Und du wirst wahrhaft leben
Im Menschen-Welten-Wesen.

Denn es waltet der Vater-Geist der Höhen
In den Weltentiefen Sein-erzeugend.
Seraphim, Cherubim, Throne,
Lasset aus den Höhen erklingen,
Was in den Tiefen das Echo findet;
Dieses spricht:
Aus dem Göttlichen weset die Menschheit.
Das hören die Elementargeister
Im Osten, Westen, Norden, Süden:
Menschen mögen es hören.[24]

Die Fähigkeit, sich im Weltenschöpfer-Sein zu vertiefen, kann natürlich nicht von einer Erinnerung abverlangt werden, die ihren Ursprung im Hippocampus zugewiesen bekommt. Sondern sol-

24 Rudolf Steiner „Grundsteinmeditation" GA 260a. Vortrag vom 13.01.1924

chen, die ihren Ursprung im Gotteswesen selbst hat, deren Wirkungen sich aber wohl bis auf den Hippocampus ausbreiten.
Die Erinnerung bewahrt in sich den seelischen *Ort*, wo das Geistes-Ich des Menschen noch mit dem Welten-Ich vereinigt ist. Auch bei materialistisch denkenden Menschen ist es nicht anders. Der Mensch braucht sich nur daran zu erinnern und mit Hilfe der Erinnerung wird er sich seines geistigen Ursprungs wieder bewusst. Das göttliche Ich, als Form des Bewusstseins stammt seiner Substanz nach von Wesenheiten, welche im alten Testament und später bei Paulus als Elochim[25] beschrieben wurden (Geister der Form).
Im Beginn der Erdenentwickelung hat der Mensch seinen physischen Leib als Anlage, dann seinen Ätherleib und astralischen Leib. Die Geister der Form kommen herüber .... Ihr niederstes Glied ist das Ich; dieses Ich opfern sie jetzt auch noch hin und befruchten den Menschen in seiner Anlage mit dem Ich, so dass das Ich, wie es auf der Erde auftritt, eine befruchtende Kraft ist, die jetzt ausströmt von den Geistern der Form.[26]

---

25 Im Kolosserbrief 1,16
26 Rudolf Steiner: "Das Hereinwirken geistiger Wesenheiten in den Menschen" S. 72 http://fvn- archiv.net/PDF/GA/GA102.pdf

Das ist der erste Aspekt des menschlichen Geistes: Das göttliche Ich des Menschen.
Dieses Ich war damals noch nicht durch einzelne Menschenseelen individualisiert, denn es besaß statt Selbst-Bewusstsein ein All-Bewusstsein. Im Laufe der Entwicklung sollte aber die Stimme dieses All-Bewusstsein langsam in unserer Seele verstummen, damit das selbstbewusste Ich geboren und dann gestärkt zu Sprache kommen konnte. Ein risikoreicher Tausch. Denn für Menschen besteht seit dem die Möglichkeit/Gefahr sich an den Weg zum eigenen Ursprung nicht mehr zu erinnern. Das ist der Preis, welche die Götter in Kauf nahmen, damit wir Menschen frei werden konnten.

Zur *Ablenkung* vom Geistes-Ich hat die Seele den physischen Leib als *Bräutigam* bekommen und wurde verstärkt an seine Bedürfnisse gefesselt. Sie verlor den klaren Blick zum wahren Bräutigam, dem Geistes-Ich. Dafür konnte sie aber ihr eigenes Weltbild als Schein-Welt ausmalen, mit einem Schein-Ich-Prinz in der Mitte.

Das ist der zweite Aspekt des menschlichen Geistes: **Das menschliche, das allzumenschliche Ich.**

Der Schein-Prinz, das Spiegelbild des wahren Geistes-Ich. Alle Erwartungen des Universums sind an ihn gerichtet mit der Frage: Wie verhält er sich dem außerhalb der Sinneswelt aufhaltenen Geistes-Ich gegenüber?

Wir wissen, dass der innerste Kern unseres Wesens uns entgegentritt als das, was wir unser «Ich» nennen. Dieses Ich ... ist wahrhaftig für den heutigen Menschen eine recht übersinnliche, eine recht unwahrnehmbare Wesenheit.[27]
Eine seelische Blindheit dem eigenen Schöpfer, der eigenen Herkunft gegenüber tritt ein.
Und nur so konnte später in der Seele die Sehnsucht nach Erkenntnis und Selbsterkenntnis entstehen. Und auch hier deuten sich zwei Wege an. Der Erste ist der, wo das alltägliche Ich, das sich gut mit Vorstellungen und abstrakten Denk-Ansätzen auskennt, ein *kluger Bursche*, nach Erklärung durch die Naturwissenschaft strebt und sein eigenes Weltbild entwirft.
Der zweite Weg ist der, der vom ursprünglichen, vom ewigen Ich gegangen wird. Von demjenigen

---

27 Rudolf Steiner „Die Evolution vom Gesichtspunkte des Wahrhaftigen". S. 10 ff. Rudolf Steiner Verlag, Dornach, 1999

Ich, das für Weisheit dieser Welt einfach ein *Dümmling* ist, aber seinem Wesen nach die geistigen Inhalte in sich trägt, deren Tätigkeit sich im ganzen Körper, in allen Leibesfunktionen stillschweigend ausbreitet. Zu diesem kann das alltägliche Ich, durch geisteswissenschaftlich gestärkte Erinnerung streben, um die bewusste Wiedervereinigung mit seinem Geistes-Ich und dem Welten-Ich zu erreichen.

Das Bewusstsein für das alltägliche Ich ist uns geläufig, das für das Ewige kaum.

Man sucht durch allerlei Betrachtungen in dem gewöhnlichen Bewusstsein das wahre Ich. *Doch eine ernstliche Einsicht in die Erlebnisse dieses Bewusstseins zeigt, dass man in demselben dieses* wahre Ich *nicht finden kann; sondern dass man nur der gedankenhafte Abglanz, der weniger als ein Bild ist, aufzutreten vermag. Man wird von der Wahrheit dieses Tatbestandes erst recht erfasst, wenn man fortschreitet zu dem* Ich *als Bild, das in dem Ätherleibe lebt. Und dadurch wird man erst richtig zu dem Suchen des Ich als der wahren Wesenheit des Menschen angeregt.*[28]

---

28 Rudolf Steiner: "Anthroposophische Leitsätze" GA 26, Leitsätze Nr. 14. S. 21. Rudolf Steiner Verlag, Dornach, 1998

Galileo Galilei, *italienischer Philosoph, Mathematiker, Physiker und Astronom*
✶ *1564* ✝ *1642*

gestanden haben, dass in den Naturerscheinungen, in den Naturtatsachen etwas wie Buchstaben gegeben ist, die den Geist der göttlich-geistigen Wesenheiten zum Ausdruck bringen. Der menschliche Geist ist dann dazu da, um zu lesen, was die göttlich-geistigen Wesenheiten in die Formen der Mineralien, in den Verlauf der Naturerscheinungen, selbst in den Verlauf der Sternbewegungen hineingeschrieben haben.[30]
Der Materialismus der fünfziger Jahre (des 19. Jhds.), der in fast allen Kulturländern seine Bekenner hatte, sagte: Nichts ist real als die Materie und ihre Bewegung ... In solch einer Zeit lebte Friedrich Nietzsche als Student, als junger Professor. In solch einer Zeit bildete er sich aus. Keinem der anderen Geister war er verwandt. Ganz anders war sein Typus als der der Zeitgenossen. Geisteswissenschaftlich kann man ihn verstehen. Wenn man

30 Rudolf Steiner "Antworten der Geisteswissenschaft auf die großen Fragen des Daseins" GA 60. S. 294. http://fvn-archiv.net/PDF/GA/GA060.pdf

Friedrich Nietzsche, *deutscher klassischer Philologe und Philosoph* ✶ *1844* † *1900*

darauf Rücksicht nimmt, dass der Mensch aus mehreren Leibern besteht, dann kann man wissen, dass schon der junge Nietzsche in Bezug auf die Zusammenfugung seines Ätherleibes und physischen Leibes eine Ausnahme machte. Bei Nietzsche war eine viel schwächere Verbindung des Ätherleibes mit dem physischen Leib vorhanden, so dass das, was diese Persönlichkeit innerlich seelisch erlebte, auf eine viel geistigere Art erlebt wurde, viel unabhängiger vom physischen Leibe, als das bei anderen Menschen der Fall ist.[31]

Was *große Geister* konnten, das Geistige als Ursprung des Sinnlichen anzusehen, das wird in der Zukunft auch für breitere Menschenkreise nicht mehr zu enthalten sein. Sie werden zu dieser Einsicht mit eigener Anstrengung, im gesunden Zustande (dann frei), oder durch beschleunigende

31 Rudolf Steiner "Die Beantwortung von Welt- und Lebensfragen durch Anthroposophie" GA 108, S. 282. http://fvn-archiv.net/PDF/GA/GA108.pdf

Francis Bacon, englischer Philosoph, Staatsmann und Wissenschaftler Wegbereiter des Empirismus ✶ 1561 † 1626

Einmischung unrechtmäßig entwickelter geistiger Wesen (dann unfrei) kommen.

Die Schöpfungen solcher Geister dagegen, wie F. Bacon, J. C. Eccles, G. Roth oder K. Popper zeigen, dass deren Forschungen sich bloß mit dem Gebiet des periodischen Ichs begnügen, obwohl sie für ihre Forschungen den eigenen Geist einsetzten. Eigentlich eine paradoxe Erscheinung: mit dem eigenen Geist den ewigen Geist verleugnen.

Bacon hatte nur Sinn und Verständnis für die Einzelheiten der Natur. Durch Sammeln desjenigen, was durch die räumliche und zeitliche Mannigfaltigkeit als Gleiches oder Ähnliches sich hindurchzieht, glaubte er zu allgemeinen Regeln uber das Naturgeschehen zu kommen .... Für Bacon sind diese allgemeinen Regeln Mittel, durch welche es der Vernunft möglich ist, das Gebiet der Einzelheiten bequem zu überschauen. Aber er glaubt

Sir Karl Raimund Popper, *österreichisch-britischer Philosoph, Begründer der Kritische Rationalismus ✶ 1902 † 1994*

nicht, daß diese Regeln in dem Ideengehalte der Dinge begründet und wirklich schaffende Kräfte der Natur sind.[32]

Karl R. Popper über seiner eigene Erkenntnisart: ... *der Erkenntnisfortschritt das Ergebnis eines Vorganges ist, der dem sehr ähnlich ist, was Darwin* natürliche Auslese *nannte; es gibt also eine natürliche Auslese von Hypothesen... Die Erkenntnistheorie, die ich vorschlagen möchte, ist weitgehend eine darwinistische Theorie des Erkenntnisfortschritts. Von der Amöbe bis Einstein ist der Erkenntnisfortschritt immer dasselbe: wir versuchen, unsere Probleme zu lösen und durch Auslese zu einigermaßen brauchbaren vorläufigen Lösungen zu kommen...* [33]

---

32 R. Steiner "Goethes Weltanschauung" GA 6 S. 35-36. http://fvn-archiv.net/PDF/GA/GA006

33 Karl R. Popper "Objektive Erkenntnis" S. 288 ff. Hoffmann und Campe, Hamburg 1973

2.2 Zwei verschiedene Aspekte des Denkens

Rudolf Steiner schildert in seiner *Theosophie*[34] wie wir alle körperlichen Erscheinungen durch **Empfindungen** vermittelt bekommen. Analog dazu werden uns Erscheinungen des Geistigen durch die **Intuition** vermittelt. Ergebnisse dieser nicht apparativen (wie etwa MRT, PET oder fMRT), sich nicht auf die physischen Organe gründenden, sondern intuitive Forschung zeigen, dass allen Erscheinungen der physischen Welt (also auch die des Gehirns) Wirkungen aus der geistigen Welt zu Grunde liegen. Diese Wirkungen haben nicht nur einmal – am *Anfang der Schöpfung* stattgefunden – sondern dauern weiterhin jeden Augenblick fort.
Auch alle unsere Erkenntnisse, die wir als Menschen denkend erwerben, sei es als Kleinkind, Schulkind, Studierender oder Arbeitender, können auf zwei Wegen gewonnen werden: **Entweder mit Beteiligung der physischen Empfindungsorgane (Sinnesorgane und Gehirn), oder ohne diese, durch Intuition.**

---

34 Rudolf Steiner „Theosophie" GA 9, S. 52

Der Polarität zwischen beiden Denkansätzen, liegt eine tiefe Spaltung unseres gesamten Geisteslebens zu Grunde. Dieser dialektisch bedingte und dennoch dramatische Akt findet seinen Nachklang im Bewusstsein alter Völker und wird uns als Akt des *Sündenfalls* übermittelt.[35] Seit jener Zeit sind wir darauf angewiesen, uns zunehmend der Welt der Sinneswahrnehmungen hinzuwenden und unser Bewusstsein an ihr zu binden.

> Was durch Sinneswahrnehmungen vermittelt wird, sind die Früchte des *Erkenntnisbaumes* und dienen als inhaltliche Nahrung für unser **diskursiv-reflektierendes bzw. alltägliches Denken.**

> Die andere, **imaginativ-intuitive Denkart** steht in Analogie zum *Baum des Lebens,* und der Weg dahin wurde für das alltägliche Bewusstsein für einen gewissen Zeitraum gesperrt.[36]

Nur dadurch konnte der Mensch zur Ausarbeitung

---

35 Es liegt in der Natur der geisteswissenschaftlichen Betrachtungsmethodik, dass der Denk-Blick nicht nur in ein Mikroskop hineingerichtet, sondern auch Denk-Ausschau nach übergeordneten Zusammenhängen gehalten wird.
36 über den Werdegang der Bewusstseinserlebnisse bei Menschen siehe z.B. Anmerkung 8, Leitsätze Nr. 85-87 und 103-105.

des abstrakten Denkens kommen, um als selbstständiger und unabhängiger Mensch aus eigener Entscheidung den Weg zu den zurückgebliebenen oder zeitgemäß wirkenden geistigen Wesen wieder aufzusuchen.
Durch die Möglichkeit seinen Blick gleichzeitig auch auf den Baum des lebendigen Denkens zu behalten, konnte die Selbstständigkeit des alltäglichen Denkens und damit die Ich-Souveränität nicht ausgebildet werden.

Der Lebensbaum des imaginativen Denkens blieb weiterhin bestehen und breitet sich seit jener Zeit überall da aus, wo das abstrakte Denken keinen Zugang hat. Dies sind die Bewusstseinszustände vor der Geburt, nach dem Tod und im Schlaf.
Erst durch die Veröffentlichung der erkenntnistheoretischen Schriften von Rudolf Steiner bekommt der Mensch wieder den Zugang in die Bereiche, wo der Weg für ein breiteres Publikum gesperrt war. Er bekommt die Möglichkeit nicht nur für spontane Einblicke, etwa aus dem Bauchgefühl heraus, sondern gesund und gewollt wie auch methodisch, **im Wachzustand** die Früchte aus dem *Garten* des imaginativen Denkens zu erlangen.

Die menschenkundliche Struktur dieses imaginativen Denkens kann durch seine Ähnlichkeit zur Selbstwahrnehmung veranschaulicht werden. Alle Art der Selbstwahrnehmung unterliegt dem gleichen technischen Muster: die Ich-Kraft des jeweiligen Wesens (sei es Mensch, Engel oder Erzengel) strahlt heraus in die Umgebung und tastet sich an die aller härteste Stelle der Materie, ihre eigene Grenze erlebend (Grenzerlebnis). Die Selbstwahrnehmung findet im Erleben der zurückstrahlenden Kräfte statt.

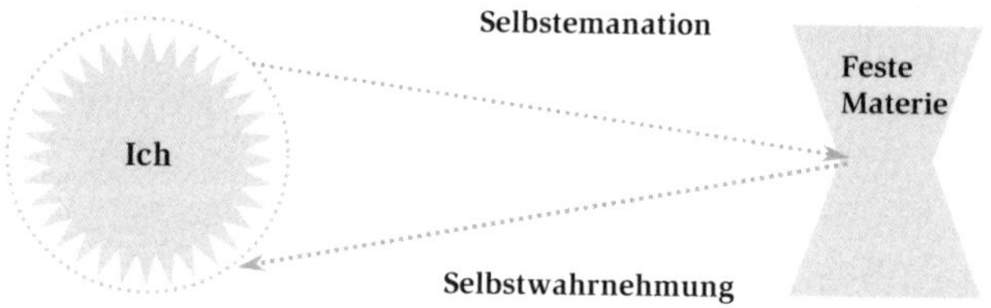

Abb. 4: Technisches Muster der Selbstwahrnehmung

In der Evolution anderer Wesen, wie Engel, Erzengel und höherer hatte die abprallungsfähige leibliche Substanz nicht so eine harte mineralische Struktur wie die heutige und lag immer außerhalb derer. Demzufolge war sie nicht ihre eigene

Leiblichkeit. Nur im Falle des Menschen – daher die große Bedeutung dieser Tatsache für die gesamte Entwicklung – ist die Möglichkeit gegeben, dass die Ich-Kraft vom eigen gewordenen physisch-mineralisierten Leib (inkl. Gehirn) zurückgespiegelt werden kann. Das bildet zum einen die Grundlage für die Selbstwahrnehmung und zum anderen- die Grundlage für reflektierendes bzw. alltägliches Denken.

In dieser Ab-Spiegelung erleben wir uns selbst als unabhängige Wesen, aber immer noch nicht als freie. Zwar erlangen wir dadurch **die Unabhängigkeit** unseres Bewusstseins gegenüber der geistigen Welt des *Lebensbaumes,* verfallen aber in **Abhängigkeit** zur physischen Welt und dem physischen Leib, der uns das reflektierende Denken in der Verstandesseele ermöglicht.

Es wäre tragisch, wenn wir auf dieser Stufe des Denkens bleiben würden. Denn der Mensch ist nicht für Abhängigkeit, sondern für die Freiheit geschaffen worden. Und die Befreiung besteht in der Zuwendung des selbstbewusst gewordenen Ichs auf die Gedanken - und zwar auf die, die nicht nach dem *Baum der Erkenntnis,* sondern

die des Lebens schmecken.
Das westliche Geistesleben darf zum Erkennen das Ich nicht unterdrücken. Es muss das Ich an die Wahrnehmung des Geistigen heranbringen.[37]

Gedanken, die nicht erst durch Reflektieren im physischen Gehirn, sondern schon vorher in seiner ätherischen Umgebung erlebt werden, sind als freie Gedanken zu bezeichnen.
Auch der Wille kann den Titel des Freien erst dann tragen, wenn der Anlass zur Handlung aus dem Erlebnis solcher freien Gedanken entstammt.

Unser Ich ist in der Lage die Gedanken sowohl nach der Abspiegelung vom Gehirn, in Form von Vorstellungen als auch davor, direkt in seinem Ätherelement als Imaginationen bewusst wahrzunehmen. Es obliegt jedem einzelnen in die eine oder andere Richtung zu denken.
Wir müssen also unterscheiden zwischen den zwei Denkfunktionen, derjenigen, die hinter dem Wahrnehmbaren liegt, die das Gehirn aufbaut - die ist das Bleibende -, und der Denkfunktion, die gar

---

37 Rudolf Steiner: "Anthroposophische Leitsätze" S. 221. GA 26. Rudolf Steiner Verlag, Dornach, 1998

Abb. 5: Technisches Muster für imaginativ-intuitives Denken

nichts Wirkliches ist, die nur gespiegelt ist und fortwährend ausgelöscht wird beim Einschlafen und vergeht, wenn man nicht nachdenkt.[38]

---

38 Rudolf Steiner: “Heilpädagogischer Kurs” S. 15. GA 317. R. Steiner Verl., 1995

Denk-Art	Denk-Akteur	Denk-Mileu	Archaische Hinweise für jeweilige Denkart
Imaginativ-intuitives Denken	Aktuell: Permanentes Ich Potenziell: Periodisches Ich	Ätherleib + Äthergehirn	Lebens-baum
Diskursiv-reflektieren-des Denken	Periodisches Ich	Physischer Leib und physisches Gehirn	Erkenntnis-baum

Tabelle 3: Zwei grundverschiedene Denkarten und deren Bezug zu beiden Ich-Aspekten und dem Gehirn

2.3 Zwei verschieden Aspekte des Gehirns

Die physische Leiblichkeit des Menschen ist zwar ein Wunderwerk, dennoch ist sie als solche im mannigfaltigen Kosmos der gleichartigen physischen Körper eingegliedert.

Diesem physischen Kosmos mit seinen Körperformen liegt ein ätherischer Kosmos mit seinen Kräfteströmungen zu Grunde.[39] Diese Kräfteströmungen sind keineswegs chaotische, blind herumhuschende Kräfte, sondern sinnerfühlte geistige Gedankeninhalte.

Dem ätherischen Kosmos mit seinen Kräfteströmungen liegt wiederum ein seelischer Kosmos zu Grunde, der seinerseits in einem geistigen Kosmos eingebettet ist.
In diesem geistigen Kosmos und nicht in den biochemischen Vorgängen des Gehirns haben der Geist des Menschen und die Gedanken, als Träger der Urbilder ihre Heimat.[40] Von dort breiten sie ihre Wirkungen bis hin zum Ätherkosmos aus.

Um ein neues Leben auf der Erde zu beginnen, verlässt der Mensch jedes Mal diese geistige Heimat. Doch davor greift das Ich in die Substanz der kosmischen Gedanken und webt sich daraus sein letztes übersinnliches *Äther-Gewand.* Erst danach

39 Rudolf Steiner: "Theosophie" GA 9, Kapitel: „Die drei Welten" R. Steiner Verlag 2014
40 Rudolf Steiner: "Theosophie" GA 9, Kapitel: „Geisterland", S. 106 R. Steiner Verlag 2014

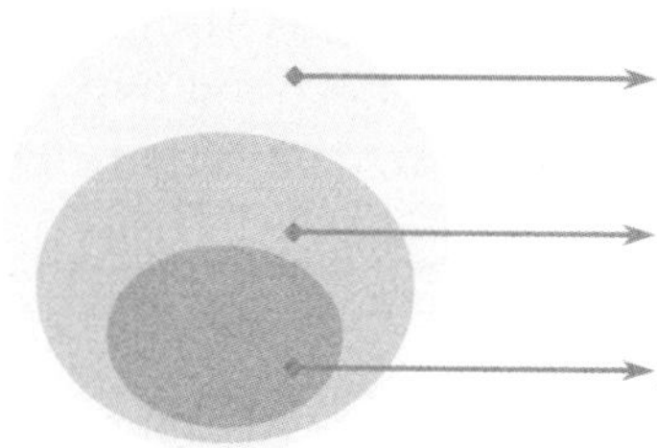

Abb. 6: Drei, sinnlich-apparativ nicht wahrnehmbare Welten und die Heimat des permanenten Ichs

wird die Verbindung mit den körperlichen Strukturen des Vererbungsleibes hergestellt, welcher von den Eltern, als vom Ich des zukünftigen Kindes ausgewähltem Menschenpaar, es ihm zur Verfügung gestellt wurde.[41]
Dieses *Äther-Gewand* trägt neben **gedanklichem Inhalt** als Bauplan (Phantomleib) des physischen Körpers auch die tüchtigen, **morphologisch wirkenden Kräfte** in sich.
Mit dieser kosmischen Äthersubstanz baut das permanente Ich alle Organe auf und um.

41 Rudolf Steiner: "Heilpädagogischer Kurs" S. 29-30. GA 317. Rudolf Steiner Verlag, Dornach, 1995

Das kosmische Äther-Gewand ist der übersinnliche Bildhauer, der das physische Gehirn nach Vorgaben des permanenten Ichs plastiziert.

Und wenn der Mensch durch seine imaginative, inspirative und intuitive Erkenntnis in die geistige Welt eintritt, dann lernt er den Werkmeister kennen, das schaffende, bauende Wesen, das noch vor dem Auftreten des Bewusstseins an uns arbeitet, das den menschlichen Leib gerade da aufbaut, wo der Mensch mit seinem Bewusstsein noch nicht an sich arbeiten konnte, weil diese Arbeit in die feinere Organisation und in die feinere Ausgestaltung des Leibes hineingeht. Gerade da arbeitet das Ich, das aus der geistigen Welt kommt, an der feineren Ausbildung nicht nur des Gehirns, sondern des gesamten Leibes. So kann der Mensch, wenn er sich durch die Methoden der Geistesforschung zur Erkenntnis seines eigenen geistig-seelischen Wesenskernes hinauflebt, der sich im Leibe nur den äußeren Ausdruck schafft, erkennen, ohne dass er durch die Pforte des Todes geht, wie durch die Sinneswelt eine geistige Welt durchblickt …[42]

---

42 Rudolf Steiner "Menschengeschichte im Lichte der Geistesforschung" GA 61. S. 498. http://fvn-archiv.net/PDF/GA/GA060.pdf

2.4 Zusammenfassung

Der Mensch entsteht durch Aktivität der geistigen hierarchischen Wesen, durch die Götter-Tat. Sein Leib, sein Geist und seine Seele haben einen geistigen Ursprung. Damit aber der Mensch zur Selbständigkeit erwachen kann, wurde sein Blick vom Geist der Göttern abgewandt. Das trat durch Einmischung unrechtmäßig entwickelter geistiger Wesen ein, da sie den Menschen eine physisch-mineralische Leib-Behausung zur Verfügung stellten. Die dichte, biochemische Wand sollte als Blickschutz zum Geisteslande dienen. Im Schatten dieser Leibes-Wohnung bildete der Geistes-Mensch seine Schatten-denkende, -fühlende und -wollende Seele und das Schatten-Ich. Letzteres sollte mit Reife die Herrscherrolle im Haus übernehmen, mit zweifachem Epilog: entweder bleibt er dort und krönt sich zum Alleinherrscher im Land des Schattens, oder er wagt es, dem Geist seinen Blick zu zuwenden. Denn dieser wohnt im gleichen Haus, bloß als Frosch, als *Dümmling* abgestempelt. Dieser kann dem Ich den Ausweg zu den Göttern wieder zeigen. Die Götter haben zugelassen, dass der Mensch in seiner Leibesfestung

einkerkert wird. Das aber nicht für Dauer, sondern immer wieder für etwa 100 Jahre. Nur für kleine Lebensabschnitte darf er dort verweilen. Davor und danach sollte er weiterhin in seiner geistigen Heimat leben und neue Erfahrungen sammeln.
Das Ziel dieses Unternehmens ist, dass der Mensch sich in voller Selbstständigkeit zum selbstbewussten Wesen ausbildet, um sich dann selber dem Geist gegenüber zu erwecken. Mit Liebe und Weisheit, die er bis dahin auf der Erde erworben hat, stellt er sich als souveränes Glied in weite Reihen der Hierarchien an.
Ein Aventure voller Gefahren und höchster Glücksgefühle. An keinem Punkt dieses Abenteuers verlieren die Götter den Menschen aus dem Auge. Doch nur dann, wenn er Schattenhaftes denkt, dann werden die Götter blind dem Menschen gegenüber. Und in dieser Geistes-Sonnenfinsternis, wird der Mensch besonders angreifbar.
Die Rettung kann nicht mehr von außen gerufen werden, zu ihr muss man selber gehen.
Diesen Weg beginnt der Mensch mit dem was er am besten auf der Erde kennt, mit sich Selbst und mit dem Denken. Das Denken im Schatten der

Begrifflichkeitshülsen nutzt er aus, um von dort durch innere Erwärmung in Gang zu kommen und so bis zum Hülsen-Innen-Kern vordringen. Der Kern ist da! Die Begriffshülse wurde von den lebendigen Gedanken nur etwas vorgeschoben, damit der Mensch nicht alles gleich beim Denken hat, sondern dass er auch ein Stück selbstständig, mit freiem, gezielten Kräfteeinsatz, den letzten Schritt zum Baum des Lebens, zur Sonne des Geistes gehen kann.

Dann ist er würdig den Titel der 10. Hierarchie zu tragen.

Auftraggeber	Produzent	Produkt	Produktionsmilieu
Das permanente Ich gleich Geist	Atherleib	Gehirn und übrige physische Organe	Ausgehend vom Gedanken-Äther bis in die biochemischen Vorgänge des physischen Leibes

Tabelle 4: Die Plastizität des Gehirns in der anthroposophisch orientierten Geisteswissenschaft

3. Die Seele als Brücke zwischen Leibes-Wissenschaft und Geistes-Wissenschaft

3.1 Erwachen des Ichs im Willen als Brückenschlag zwischen Leib und Geist

Das periodische Ich hat in seinem Schattenland drei Seelenkräfte zur Verfügung:
Das Denken, Fühlen und Wollen. Diese drei sind eigentlich ein Ganzes, nur werden sie an unterschiedlichen Stellen in der Ich-Organisation erlebt. Die Stelle an der das Denken bewusst wird, ist als Nerv am *dunkelsten*. Das Fühlen ist schon heller gelegen und an der hellsten Stelle dem Geiste gegenüber ist der Wille selbst (alias *Frosch* und *Dümmling)*.
Das periodische Ich wirkt bekannterweise in all seine Seelenkräften unterschiedlich stark hinein und verleiht denen seinen individuellen Charakter.

Das vom gleichen periodisch Ich induzierte wache Bewusstsein hat seine leibliche Grundlage im Gehirn und dem mit ihm verbundenen Nervensystem. Ähnlich stellen die Stoffwechselorgane, zusammen mit den Gliedmaßen, die leiblichen Strukturen des periodisch ablaufenden eigenen Willens dar.
Weil das periodische Ich am stärksten mit dem Denken und seinem physischen Korrelat, dem Gehirn, verbunden ist, hat der Mensch ein verhältnismäßig schwaches Bewusstsein, auch tagsüber von dem was sich im eigenen Gefühlsleben und im Willensbereich abspielt. Dagegen ist das permanente Ich mit dem üblichen, reflektierenden Denken nur indirekt verbunden.
Im Falle des Willens tritt das Gegenteil ein. Hier hat das periodische Ich am wenigsten Geltung. Dafür aber ist das permanente Ich, mit seiner kosmischen Natur im Willen stärker vertreten.

Der Wille als schwächste Stelle des periodischen, alltäglichen Ichs, ist die stärkste Stelle für die Wirkungen des permanenten, ewigen Ichs.
Hier zeichnet sich die Aufgabe des periodischen Ichs: sich von der Anbindung an das physische

Gehirn und des daraus resultierenden abstrakten Gedanken zu befreien und über den Willen sich mit dem permanenten Ich in Verbindung zu setzen.

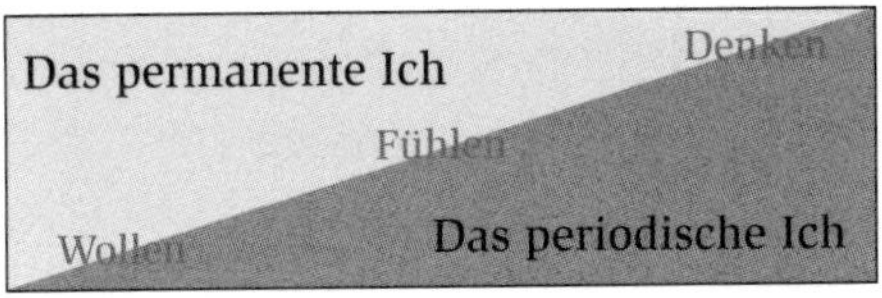

Tabelle 5: Die Seelenkräfte in Verhältnis zum periodischen und permanenten Ich

3.2. Das periodische Ich und der Sprung über den eigenen Schatten

Wie kann das alltägliche Ich diese Tat vollbringen? Wie kann der Mensch von der Bildschirmstarre des physischen Gehirns, an welche er sich so gewöhnt hat, befreit werden?
Hier gibt es keine Hilfe von außen, das kann der Mensch nur allein durchmachen: sich mit eigener Kraft vom physischen Gehirn abwenden und zum ätherischen Teil des Gehirns aufsteigen.

Das alltägliche Ich ist der *Reiter* und gleichzeitig das *Ross*, welche über die *Brücke* des Willens, vom Ufer der Sinnlichen und abstrakten Gedanken zum Ufer der übersinnlichen und imaginativen, leibfreien Gedanken hinüber reiten kann.

Anders gesagt: Der Perseus-Ich-Blick soll durch die innere Willenskraft bewusst von der magischen Anziehung der Gorgo-Meduse des Gehirns abgewendet werden. Dann kann sich das Ich über das Schauen der lebendigen Gedanken im Panorama des Äthergehirns, welches im Weltenäther eingegliedert ist, freuen.
Das wird dann eine zeitgenössische Heldentat sein! Das bewusste Hin-Schauen bzw. Hinein-Denken in das Äthergehirn beschert uns dann nicht mehr Halluzinationen sondern Imaginationen und Urbilder. Auf diese Weise konnte auch Johann Wolfgang von Goethe, als erster Held und Vorreiter des exakten Phantasierens seine Urpflanze denkendsehen.

Noch anders ausgedrückt: In unserer Kulturepoche soll das Ich erst das alltägliche Denken in sich stärken. Das ist eine Sicherheitsplattform von der wir uns wie von einer Startbahn abheben müssen, und im ätherischen Gehirn die nächste Sicherheitsplattform aufbauen. Dann werden die Nachrichten nicht mehr auf dem Bildschirm des Gehirns abgelesen, sondern direkt in dem Weltenäther erlebt. Und wo sonst, wenn nicht dort, sind die Impulse der Zukunftsgestaltung für alle Bereiche des Lebens vorhanden. Sie warten, dass sie von uns erlangt, erkannt und angewendet werden.

Wie kann ich nun diese **imaginativ-intuitive Denkmethode**, von meinem alltäglichen Ich aus, erlangen bzw. ausüben?

Hierzu wird im letzten Abschnitt eine Übungsmethode vorgestellt indem das erkennende Ich, ausgehend von alltäglichen Vorstellungen, sich allmählich vom Gerüst des physischen Gehirns befreit und dadurch die Möglichkeit bekommt, die nicht-an-den-Körper-gebundenen-Gedanken wahrzunehmen.

4. Praktischer Teil: Kontemplativ-künstlerische Übungsmethode zum bewussten Hinarbeiten in den Bereich der freien Gedanken

Zur Methode selbst:

Die Methode hilft Erfahrungen im Bereich des Ätherischen respektive des Äthergehirns zu machen und es versteht sich von selbst, dass wie bei jeder zu erlernenden Tätigkeit (wie etwa beim Autofahren lernen, was bei mir nicht so einfach war) auch hier, mit jedem Versuch die Qualität des schauenden Denkens gesteigert, verschärft und vertieft werden kann.

Die Methode besteht aus vier Arbeitsschritten für deren Durchführung beliebige Gedanken, eine Vorstellung oder ein physischer Gegenstand als Erkenntnisobjekt genommen werden können (ein Baum, ein Tier, eine seelische Eigenschaft oder ein künstliches Produkt, wie z.B. eine Glühbirne oder ein Becher). Zwar geben uns diese Betrachtungsgegenstände lediglich einen Anhaltspunkt, eine Grundlage worauf wir die Übung aufbauen können. Dennoch werden durch die Durchführung der Übung selbst, neben der Erfahrung des vom physischen Leib unabhängigen Denkens auch neue Erkenntnisse über die Betrachtungsobjekte gewonnen.

Hier die einzelnen Arbeitsschritte:

1. Beschreibung

Übungsfrage (a):
Was halte ich vom Erkenntnisobjekt?
(Mein aktuelles persönliches Verhältnis zum Erkenntnisobjekt)

Übungsfrage (b):
Wie stellt sich das Objekt für meine Beobachtung selber dar?
(Beschreibung der Eigenschaften des Erkenntnisobjektes)

Übungsfrage (c):
Was halten die anderen von diesem Erkenntnisobjekt? *(Allgemeines Wissen)*

2. Funktionale Transformation

(d): Was ist die Hauptfunktion des Erkenntnisobjektes?

(e): Welche seelische Qualität/Geste entspricht der Hauptfunktion des Erkenntnisobjektes?

3. Polarität und Steigerung

(f): Was ist das Gegenteil der Hauptfunktion des Erkenntnisobjektes? *(Funktionelle Polarität)*

(g): Wie sehen die Übergänge zwischen der Hauptfunktion des Erkenntnisobjektes und ihrem Gegenteil aus? *(Steigerung und Verminderung)*

4. Intuition, oder Wahrnehmung des Nicht-Sinnlichen

(h): Aufhebung der Zusammenhängeherstellenden Tätigkeit des Ichs

(i): Tilgung der bisher aufgebauten Vorstellungen und

(j): Aufbewahrung der Selbstwahrnehmung

(k): Aktives Warten und intuitives Erleben

(l): Praktische Umsetzung des Erlebten

Diese Übungsmethode ist so aufgebaut, dass das alltägliche Ich zuerst in seiner typischen, reflektierenden Denktätigkeit angesprochen wird (1.).

Daraufhin folgen die Übungen bei denen das Ich genau diese alltägliche Denkweise bewusst Schritt für Schritt verlässt. Es wird vom Aufbau der kausalen Zusammenhänge, die es durch den Alltag gewohnt ist, aufgehalten. Es wird eine andere, atypische Logik erfahren (2. und 3.).
Das alltägliche Ich bleibt weiterhin denkend tätig,

nur seine *Fahrweise*, die Methode wird eine Ungewöhnliche sein.[43] Dadurch wird gewohnheitsmäßige Haftung des periodischen, alltäglichen Ich-Bewusstseins an das physische Gehirn erst gelockert (2. und 3.) und später ganz aufgehoben (4.).

Die leibfreie Wahrnehmung von geistigen Inhalten tritt als Intuition ein. Ein neuer Inhalt erscheint im Seelenraum. Nach dem Erlangen der vom physischen Gehirn unabhängigen Gedanken wird die Arbeit nicht angehalten, sondern weiter fortgesetzt. Es geht darum, diese freien Gedanken zur Initialzündung für unsere alltäglichen Handlungen zu machen. Deswegen wird zum Schluss auch eine praktische Umsetzung, dessen was in der freien Denk-Tat erlebt wurde, angestrebt.

Um den Ablauf dieser Arbeitsschritte leichter nachvollziehbar zu machen, können wir beispielhaft einen Becher als Gegenstand nach dieser Methode betrachten.

---

43 *Der Mensch hat tätig das Ende aus dem Anfang hervorgehen zu lassen. Die Art, wie er das tut, ist die Methode. Es ist nun selbstverständlich, dass unsere Auffassung jenes Verhältnisses von Anfang und Ende der Wissenschaft auch eine eigentümliche Methode bedingen wird.* aus Rudolf Steiner: *„Einleitungen zu Goethes Naturwissenschaftlichen Schriften" GA 1, S. 168*

1. Beschreibung des Gegenstandes der Betrachtung

(a): Mein aktuelles persönliches Verhältnis zum Erkenntnisobjekt
Übungsfrage: Was halte ich vom Erkenntnisobjekt? Das Erkenntnisobjekt wird erst unserem Verständnis nach beschrieben und charakterisiert.

> **Der Becher ist ein Trinkgefäss. Er ist leicht transportabel, sehr praktisch, ohne viel Schnick-Schnack und ist vermutlich in fast jedem Haushalt zu finden ... etc.**

Hier geht es weniger darum eine vollständige und fachlich aussagekräftige Stellungnahme abzugeben, sondern darum sein eigenes, aktuelles Verhältnis zum ausgesuchten Erkenntnisobjekt zu definieren. Es ist hilfreich seinen eigenen Erkenntnisstand - seinen Status-quo am Anfang zu kennen. Ebenso ist es hilfreich, nicht nur zu wissen, wo die Reise hingeht, sondern auch wo sie beginnt. Nur man darf sich nicht an diesem Standort festklammern und dabei reisen wollen. Denn an der eigenen Meinung festhalten und weitergehen zu wollen, passt nicht zusammen.

(b): Beschreibung der Eigenschaften des Erkenntnisobjektes
Übungsfrage: Wie stellt sich das Objekt selber dar?
Das Erkenntnisobjekt wird jetzt in seiner Eigenschaften angeschaut und beschrieben.

Der Becher ist ein kleines Trinkgefäß ohne Henkel, kann unterschiedlich groß sein, aber in der Hand doch gut zu halten. Er ist leicht und kann aus unterschiedlichen Werkstoffen hergestellt werden (Papier, Plastik,...). Der Form nach ist er oben breiter und der Boden schmaler usw.

Wenn das möglich ist, wird der Gegenstand physisch angeschaut, wenn nicht kann auch in analogen oder virtuellen Enzyklopädien nachgeschlagen werden.

(c) Allgemeines Wissen
Übungsfrage: Was halten die anderen von diesem Erkenntnisobjekt?
Nach dem wir unser eigenes Verhältnis zum Objekt definiert *(Punkt a.)* und das Objekt in seiner äußeren Eigenschaften beschrieben haben *(Punkt b.)*,

schauen wir nach, was darüber in Bereich der allgemeinen Bildung gedacht und berichtet wird. Je nach Erkenntnisobjekt kann das im *Punkt b.* beschriebene eng mit dem hier gesuchten zusammenhängen, aber in der Regel können eigene Beobachtungen gut durch solche ergänzt werden.

> Der Becher ist ein kleines Zylindergefäß ohne Fuß und meist ohne Henkel. Althochdeutsch *behhari,* mittellateinisch *bicarium,* griechisch *bikos* = irdenes Gefäß, wahrscheinlich aus dem Ägyptischen abstammend. Schon neolitische Kulturen wurden anhand von Becherfunden benannt *(Trichterbecherkultur).* Im alten Ägypten galten Becher als Symbol der Nahrung, die Leib und Seele erhält. Der Becher war besonders verbreitet bei den Nomaden, denn die Form, ohne Henkel, erlaubte es diese in einander zu legen und dann in einer Schachtel sicher zu transportieren... usw.

In diesem ersten Schritt wird das alltägliche Ich in seiner diskursiv-reflektorischen Denkfähigkeit angesprochen und gestärkt.

2. Funktionale Transformation

(d): Funktionale Definition
Übungsfrage: Was ist die Hauptfunktion des Erkenntnisobjektes?
Das was bisher äußerlich beschrieben wurde, wird jetzt als ein Vorgang vorgestellt.

> *Zur den Hauptfunktionen eines Bechers können das* ***Aufhalten*** *von Flüssigkeiten und seine* **leichte Mobilität** *gezählt werden.*

Durch das Aufsuchen der Funktion bekommen wir ein besseres Verständnis von dem, was das Wesenhafte dieser Form bzw. des Erkenntnisobjektes ist. Die Tatsache, dass Becher auch für andere Zwecke benutzt werden kann, wie z.B. für das Anpflanzen von Blumen, soll in der Betrachtung nicht ihre eigene ersetzen.

(e): Seelische Entsprechung der Hauptfunktion
Übungsfrage: Welche seelische Qualität/Geste entspricht der Hauptfunktion des Erkenntnisobjektes?
Für die charakteristische Funktion des Erkenntnisobjektes wird jetzt eine seelische Eigenschaft

gesucht: eine seelische Haltung oder Fähigkeit. **Hier sind wir nicht nur in der vorstellenden, sondern verstärkt in der empathischen, fühlenden Tätigkeit des periodischen Ichs tätig.**

Die aufhaltende Funktion des Bechers, kann der aufbewahrenden Fähigkeit des Gedächtnisses in meiner Seele entsprechen.

Die Ergebnisse können mit ganz einfachen Mitteln aufgezeichnet werden:

Abb. 7: Aufzeichnungsbeispiel: Aufhaltende Geste

3. Polarität und Steigerung

(f): Die polare Funktion
Übungsfrage: Was ist das Gegenteil der Hauptfunktion des Erkenntnisobjektes?
In dieser Stufe wird für die Hauptfunktion des

Erkenntnisobjektes eine polare Eigenschaft aufgesucht.
Zum Verständnis einer Sache kann die Beschäftigung mit seinem Gegenteil sehr befruchtend sein.

Für die aufhaltende Funktion des Bechers kann z.B. die abweisende Funktion als Gegenteil gelten. Und für das Gedächtnis kann das Verdrängen, oder das Vergessen die polare Entsprechung sein.

Abb. 8: Aufzeichnungsbeispiel: Aufhaltende und abweisende Geste

Hier fangen erste Willensanstrengungen unseres periodischen Ichs an, da hier ein Gegenteil, eine Umkehrung stattfindet.

Die Tatsache, dass ein Becher, als Erkenntnisobjekt äußerlich nichts Gemeinsames mit dem Gedächtnis und dem Vergessen zu tun hat, spielt hier keine wesentliche Rolle. Denn es geht um

Übungen in der Einsicht, dass allem Physischen (auch dem Gehirn und dem Auge) etwas Geistiges als Urbildliches zu Grunde liegt.

(g): Die Steigerung und Verminderung
Übungsfrage: Wie sehen die Übergänge zwischen der Hauptfunktion des Erkenntnisobjektes und ihrem Gegenteil aus?
Die polaren Eigenschaften sind in der Regel keine gesonderten Endpunkte in der einen oder anderen Richtung (etwa schwarz-weiß Polarität), sondern umschließen ein bestimmtes, funktionales oder eigenschaftliches Feld und sind mit feinen Übergängen ausgefühlt. Diese können als stufenweise *Steigerung oder Verminderung* der Hauptfunktion des Erkenntnisobjektes dargestellt werden.

Im Falle des Bechers können die Übergangsbeispiele so aussehen:

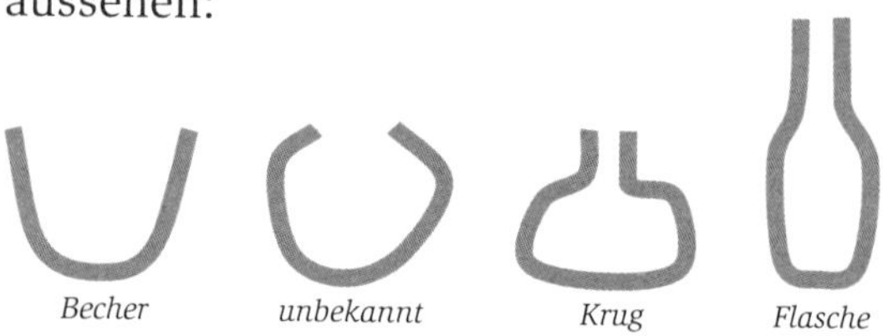

Abb. 9: Aufzeichnungsbeispiel für Steigerung der aufhaltenden Geste als Hauptfunktion des Bechers.

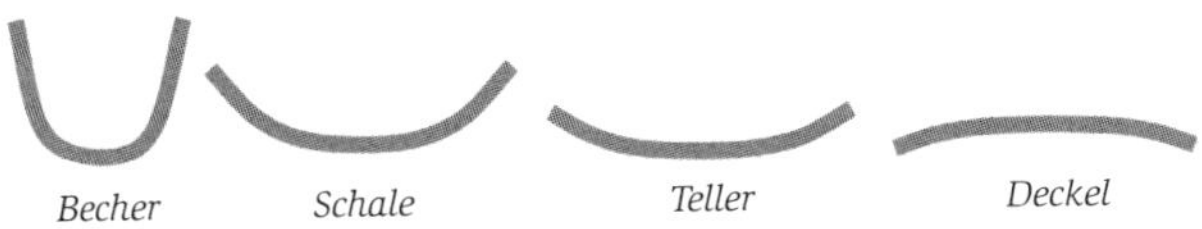

Abb. 10: Aufzeichnungsbeispiel für Verminderung der aufhaltenden Geste als Hauptfunktion des Bechers

Auf dieser Stufe wird der Willensaspekt des periodischen Ichs besonders aktiv.

Nach dem die seelische Aktivität durch die vorherigen drei Stufen intensiv mit den Haupteigenschaften des Erkenntnisobjektes beschäftigt war, wurden im periodischen Ich bestimmte *Muskelpartien* seines Wesens aktiviert. Das Ich als Koordinator der Bewusstseinsabläufe spürt den Zuwachs von neuen Kräften.
Zum besseren Überblick können diese Kräfte noch einmal zusammengefasst werden:

1. Die Kraft, die nach dem *Verborgenen* hinter allem Sichtbaren sucht.
2. Die Kraft, die auch *das Gegenteil* einer Sache in Betracht zieht.
3. Die Kraft, die sich nicht nur nach dem *Ja-Nein-*Modus richtet, sondern auch nach *den feinen Ab-*

stufungen der jeweiligen Eigenschaften sucht.
4. And last but not least, die Kraft des alltäglichen, periodischen Ichs, die Eigenschaften und Ereignisse um sich herum auch *auf sich selbst beziehen* zu können und die Frage zu stellen: Wo sind die Entsprechungen zu dem was *draußen* ist in meinem Seeleninnern?

4. Intuition, oder Wahrnehmung des Nicht-Sinnlichen

Hier wird das alltägliche Ich bei dem Übergang aus dem Bereich des physischen Gehirns und auf ihn bauenden diskursiv-reflektorischen Denkens in das Bereich des Äthergehirns und des imaginativ-intuitiven Denkens beobachtet.

(h): Aufhebung der koordinierenden Tätigkeit
Die Übergänge welche durch Steigerung und Verminderung der Hauptfunktion ergeben haben (3.) werden auf dieser Stufe weiterhin innerlich bewegt, wiederholt und in die eine oder andere Richtung intensiviert. Mit der Zeit beginnt man zu merken, dass das eigene Ich nicht bloß eine

Instanz ist, die die Bewusstseinsinhalte nach bestimmten Vorgaben und Gewohnheiten untereinander koordiniert, sondern es wird durch Intensivierung und Erkraftung dahin gebracht, dass das periodische Ich anfängt sich selbst als Teil dieser Vorgänge zu erleben.
Wir bringen unser alltägliches Ich dahin, dass es die koordinierende Tätigkeit für Bewusstseinsinhalte zwar weiterhin besitzt, aber nicht mehr ausübt.
Das alltägliche Ich fängt an, sich selber als ein weiterer Inhalt zu erleben. Es wird zum Teilnehmer des Geschehens, aber zur solcher der seiner Eigenständigkeit bewusst ist.
Das ist der Anfang vom Abheben von der Startbahn des Sinnlichkeit reflektierenden Gehirns.

(i): Tilgung bzw. Auflösung der inneren Vorstellungen
Als nächstes soll versucht werden, alle die von mir innerlich vorgestellten Bewusstseinsinhalte langsam zu dimmen, leise und immer leiser werden zu lassen. Es soll nichts mehr vor unserer Seele stehen – die innere Bühne muss freigehalten werden. Das Ich als einziger selbstwahrnehmender

Inhalt in diesem Zustande, lässt die anderen von ihm in Zusammenhang gebrachte Inhalte um sich herum verstummen. Es wird selbst zum aktiven Zuhörer und Zuschauer.
Das periodische Ich hebt sich auf dieser Stufe langsam bis vollständig vom physischen Gehirn ab.

(j): Die Aufbewahrung der eigenen Selbstwahrnehmung

Nach der Aufhebung der inneren Vorstellungen wird das periodische Ich an so einen Punkt kommen, wo darauf geachtet werden soll, dass man nicht zu einem Nickerchen verleitet wird. Wie etwa auf dem Berg Tabor, soll man sich selber wach halten.
Das periodische Ich entwickelt in sich die Kraft, durch die es auch ohne jeglichen Stützpunkt in der Organisation des physischen Gehirns wach bleibt und das Realitätsgefühl nicht verliert.

Durch diese Aktivitäten des periodischen Ichs haben wir nun gewisse seelische Eigenschaften als Voraussetzung für die weitere Arbeit aufgebaut:
1. Der seelischer Schauplatz kann von jeglichen Vorstellungen freihalten werden.

2. Die Aufmerksamkeit kann aufrechterhalten werden.
3. Das periodische Ich – beobachtend – hält Wache im vorstellungsfreien seelischen Raum.

(k): Aktives Warten und Intuition, oder Wahrnehmung des Nicht-Sinnlichen[44]

Nach einer gewissen Zeit tritt in unserer Seele für das periodische Ich ein neuer Zustand ein, in dem folgendes bemerkt wird: In einem Teil der Seele (im Willenhaften, als Verbindungsstelle zum Ewig-Geistigen) stellt sich für das alltägliche Ich ein neues Ereignis ein. Es erscheint ein neuer Inhalt in seinem Seelenraum.
Beispiel: Zweier Weben sind in einem zu erleben. Mächtig breitet sich das eine, Ruhe tragend Sinne strahlend, was das andere entgegen nimmt und hält und lässt verweilen. Aufnehmen und Behalten macht Lebendiges zum Schatten. So gehören sie zusammen: Inhaltspendendes und Empfangen.
Nicht diese Wörter wurden erlebt, sondern das

---

44 Die im vierten Schritt, einzeln dargestellte Stufen verlaufen in der Praxis wesentlich homogener und wurden hier nur zur Verdeutlichung aufgelistet. Auch zeitlich gesehen spielen sich diese Zustände zum Teil kaum merkbar, augenblicklich ab. Diese kurzen Augenblicke können aber durch Übungen unterschiedlich lang ausgedehnt werden.

Erlebnis wurde in diese Worte gefasst, um das Erlebte zu vermitteln. Diese Translation des im inneren Erlebten in eine Kulturtechnik, die die Menschheit erworben hat – malerisch, sprachlich, musikalisch – ist das nächste Übungsfeld.
Was frei von physischen Organ-Ermittlungen innerlich erlebt wurde, braucht übersetzt zu werden in eine äußere physische Handlung, denn nur so begeistern wir das Leben.

Alles, was bis hierher durchgemacht wurde, ist nur als eine Hälfte anzunehmen, wenn es auch an Zeit und Erfahrungsmenge viel gewesen sein mag. Die andere Hälfte liegt noch vor einem.

Wir müssen ermöglichen, dass das innerlich Erlebte jetzt in eine äußere Praxis umgestaltet werden kann. Es muss in das alltägliche Leben eingeführt werden.
Wie, dass ist jedem einzelnen überlassen. Denn es hängt von der individuellen Phantasie des einzelnen Menschen ab, welche Umsetzungsformen er aufsucht und dann durch individuelle Techniken auch methodisch ausarbeitet.
Hier ein Beispiel für künstlerische Umsetzung.

(l): Künstlerische Ausgestaltung
Es wird versucht das Erlebte in eine künstlerische Form zu übersetzen.
Es kann als ein Bild, oder ein Gedicht aufgezeichnet werden, es kann gesungen oder getanzt werden.
Beispiel: Ausgangserlebnis aus dem Punkt (k): *Zweier Weben sind in einem zu erleben. Mächtig breitet sich das eine, Ruhe tragend Sinne strahlend, was das andere entgegen nimmt und hält und lässt verweilen. Aufnehmen und Behalten macht Lebendiges zum Schatten. So gehören sie zusammen: Inhaltspendendes und Empfangen.*

Dazu ein Gedicht:

Liebe-Wellen breiten sich zwischen
Sinn und Losigkeit,
aus der Ewigkeit
in die Sinnlichkeit.
Hier sammeln sich die Rechte
ihr Dasein haltend
gegen Wellen waltend.
Dringt es durch und wird genossen
was als Schenkung ausgegossen
wird durch Halten schattenhaft
Liebe-Wellen Schalen-Wand

Nicht um hohe künstlerische Ansprüche geht es hier, sondern um tägliche Arbeit und Übung in der Ausbildung einer weiteren Kulturtechnik. Neben Schreiben, Lesen und Rechnen soll jetzt leibfreies Denken erlernt werden.

Diese künstlerisch-kontemplative Methode ist keine starre Vorschrift, sondern lediglich ein Gerüst, welches je nach Bedarf, fachspezifisch modifiziert werden kann. So kann sie umgewandelt werden für die Aufarbeitung komplexer Lerninhalte, wonach z.B. Lehrer neben der Übung im leibfreien Denken gleichzeitig einen Unterrichtsstoff für die nächste Epoche vorbereiten können; sie kann an die Schüler der Oberstufe angepasst werden, um als Lernmethode bei der Aneignung von Lerninhalten zu helfen; sie kann aber auch so konzipiert werden, dass sich eine Methode ergibt, die für die Arbeit mit den Texten von Rudolf Steiner wirksam sein kann.
Im Oktober 2015 wurde in Berlin die Arbeitsgruppe *Urbilder* gebildet, deren Teilnehmer erkenntnistheoretische Schriften von Rudolf Steiner (namentlich, das Buch *Die Philosophie der Freiheit)* nach so einer modifizierten Methode bearbeiten.

Die Inhalte des Buches werden kennengelernt, erlebt und anschließend illustriert, oder auch *nur* Skizzen dazu gemacht.

Diese Arbeit wird dankenswerterweise durch Initiativgruppe am *Arbeitszentrum Berlin der Anthroposophischen Gesellschaft* unterstützt. Es ist im Jahr 2017 eine internationale Gesamtausstellung der Arbeiten geplant. Alle Interessenten aus allen Ländern sind herzlich zur Mitarbeit eingeladen.

Ich möchte mich beim Leser dieser letzten Zeilen für die Geduld und das Interesse an den vorgestellten Themen herzlich bedanken und stehe für weitere Fragen, Anregungen und Arbeitsvorschläge gerne zur Verfügung.

Mischa Pitskhelauri (mischako@web.de)

Anmerkungen

Den Text auf Seiten 12/13 ergänzende Abbildungen

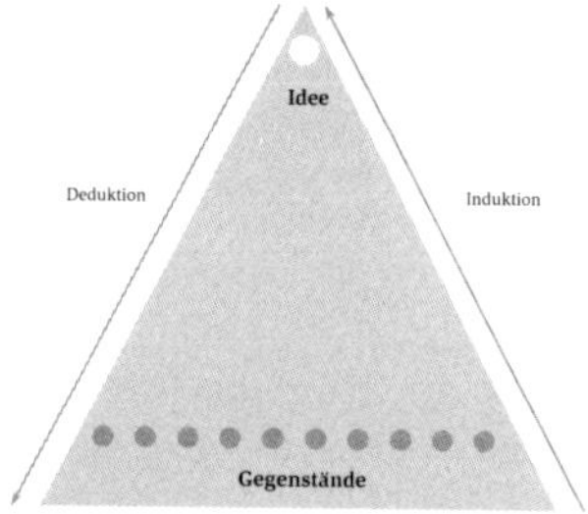

Abb. zu S. 12:
Deduktive und induktive Methoden

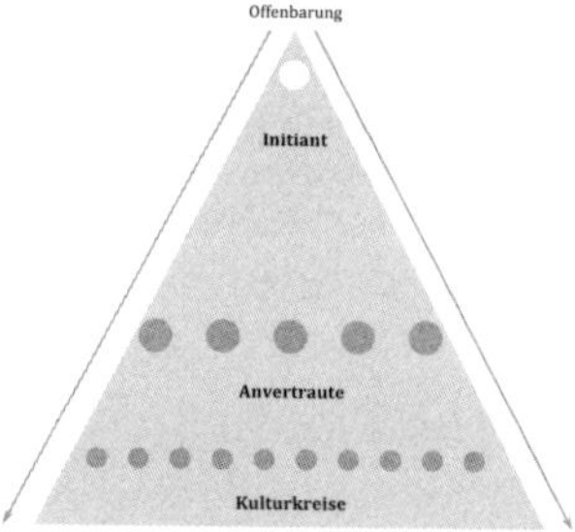

Abb. zu S. 13:
Offenbarung

Weiterführende Literatur

Kapitel 1

Steffens, Henrik: *Einleitung in die philosophischen Vorlesungen,* Karl Alber, Freiburg, 2016

Karl Jellinek: *Das Weltgeheimnis,* Ferdinand Enke, Stuttgart, 1921

Dankmar Bosse: *Die gemeinsame Evolution von Erde und Mensch,* Stuttgart 2002

Kapitel 2

Jonael Schickler: *Metaphysik als Christologie* Könighausen & Neumann, Würzburg, 2004

Johannes Wagemann: *Gehirn und menschliches Bewusstsein,* Shaker, Aachen, 2010

Stefan Brotbeck: *Das entzauberte Hirngespinst* Pano, Zürich, 2007

Bei GESUNDHEITSPFLEGE initiativ sind u.a. außerdem erschienen:

Michaela Glöckler und Ulrich Meier
Partnerschaft und Ehe
verstehen und sinnstiftend leben
ISBN 978-3-932161-77-3

Georg Henkel
Den Inneren Narren entdecken
lebensfroh - kreativ - spirituell
mit 56 Karten | ISBN 978-3-932161-81-0

Markus Treichler
Das erschöpfte Ich
Burnout erkennen - verstehen - vermeiden
ISBN 978-3-932161-80-3

Bartholomäus Maris
Die Wechseljahre der Frau
Reifung im Zeitalter der Hormonbehandlung
ISBN 978-3-932161-47-6

Joachim E. Keding
Von nun an geht's bergauf
Männer in den Wechseljahren
ISBN 978-3-932161-42-1

Michaela Glöckler/Volker Fintelmann/Jürgen Schürholz
Spiritualität & Gesundheit
Am Beispiel der Krebserkrankung
ISBN 978-3-932161-62-9

Bei GESUNDHEITSPFLEGE initiativ sind u.a. außerdem erschienen:

Michaela Glöckler
Die Biographie des Menschen und ihre geistigen Gesetze
ISBN 978-3-932161-03-2

Karl-Heinz Friese
Tinnitus
ganzheitlich heilen
ISBN 978-3-932161-43-8

Markus Treichler
„Danke, mir geht's gut!"
Wie Männer mit Depressionen umgehen
ISBN 978-3-932161-45-2

Stefan Gölz/Matthias Girke
Diabetes mellitus
Verstehen - vorbeugen - ganzheitlich behandeln
ISBN 978-3-932161-48-3

Hermann Glaser
Alte + neue Hausmittel zur äusseren Anwendung
Methoden - Indikationen - Tipps
ISBN 978-3-932161-63-6

Mathias Wais
»Erzähl mir von der Zukunft, Opa«
Über Möglichkeiten, Unmöglichkeiten und Überraschungen des Alters
ISBN 978-3-932161-82-7